民國又存

70

近世歐洲史
（上）

何炳松 編譯

知識產權出版社

《近世歐洲史（上）》介紹的是自地理大發現至意大利統一的歐洲歷史，對於歐洲各國的國內革命、工業革命以及歐洲列強對其他地區的侵略和列強內部關係的協調進行詳細介紹，同時關注歐洲變革的歷史背景，并注意到科技、思想的發展變革，是一部全面介紹17~19世紀晚期歐洲歷史的著作。

　　本書適合對世界近代史感興趣者及相關研究者閱讀使用。

責任編輯：劉　江　　　**責任校對：**韓秀天　　　**動態排版：**賀　天

文字編輯：劉樂新　李　新　**責任出版：**劉譯文

圖書在版編目（CIP）數據

近世歐洲史.上/何炳松編譯.—北京：知識產權出版社，2014.12

（民國文存）

ISBN 978-7-5130-3283-4

Ⅰ.①近… Ⅱ.①何… Ⅲ.①歐洲－近代史 Ⅳ.①K504

中國版本圖書館 CIP 數據核字（2014）第 306703 號

近世歐洲史（上）

Jinshi Ouzhou shi

何炳松　編譯

出版發行	知識產權出版社有限責任公司			
社　　址：	北京市海澱區馬甸南村 1 號		郵　　編：	100088
網　　址：	http://www.ipph.cn		郵　　箱：	bjb@cnipr.com
發行電話：	010-82000860 轉 8101/8102		傳　　真：	010-82005070/82000893
責編電話：	010-82000860 轉 8344		責編郵箱：	liujiang@cnipr.com
印　　刷：	保定市中畫美凱印刷有限公司		經　　銷：	新華書店及相關銷售網站
開　　本：	720 mm×960mm　　1/16		印　　張：	19
版　　次：	2014 年 12 月第一版		印　　次：	2014 年 12 月第一次印刷
字　　數：	180 千字		定　　價：	65.00 元

ISBN 978-7-5130-3283-4

民國文存

（第一輯）

編輯委員會

文學組

組長：劉躍進

成員：尚學鋒　李真瑜　蔣　方　劉　勇　譚桂林　李小龍　鄧如冰　金立江　許　江

歷史組

組長：王子今

成員：王育成　秦永洲　張　弘　李雲泉　李揚帆　姜守誠　吳　密　蔣清宏

哲學組

組長：周文彰

成員：胡　軍　胡偉希　彭高翔　干春松　楊寶玉

出版前言

民國時期，社會動亂不息，內憂外患交加，但中國的學術界卻大放異彩，文人學者輩出，名著佳作迭現。在炮火連天的歲月，深受中國傳統文化浸潤的知識份子，承當著西方文化的衝擊，內心洋溢著對古今中外文化的熱愛，他們窮其一生，潛心研究，著書立說。歲月的流逝、現實的苦樂、深刻的思考、智慧的光芒均流淌於他們的字裡行間，也呈現於那些細緻翔實的圖表中。在書籍紛呈的今天，再次翻開他們的作品，我們仍能清晰地體悟到當年那些知識分子發自內心的真誠，蘊藏著對國家的憂慮，對知識的熱愛，對真理的追求，對人生幸福的嚮往。這些著作，可謂是中華歷史文化長河中的珍寶。

民國圖書，有不少在新中國成立前就經過了多次再版，備受時人稱道。許多觀點在近一百年後的今天，仍可說是真知灼見。眾作者在經、史、子、集諸方面的建樹成為中國學術研究的重要里程碑。蔡元培、章太炎、陳柱、呂思勉、錢基博等人的學術研究今天仍為學者們津津樂道；魯迅、周作人、沈從文、丁玲、梁遇春、李健吾等人的文學創作以及傅抱石、豐子愷、徐悲鴻、陳從周等人的藝術創想，無一不是首屈一指的大家名作。然而這些凝結著汗水與心血的作品，有的已經罹於戰火，有的僅存數本，成為圖書館裡備受愛護的珍本，或成為古玩市場裡待價而沽的商品，讀者很少有隨手翻閱的機會。

鑑此，為整理保存中華民族文化瑰寶，本社從民國書海裡，精心挑出了一批集學術性與可讀性於一體的作品予以整理出版，以饗讀者。這些書，包括政治、經濟、法律、教育、文學、史學、哲學、藝術、科普、傳記十類，綜之為《民國文存》。每一類，首選大家名作，尤其是對一些自新中國成立以后沒有再版的名家著作投入了大量精力進行整理。在版式方面有所權衡，基本採用化豎為橫、保持繁體的形式，標點符號則用現行規範予以替換，一者考慮了民國繁體文字可以呈現當時的語言文字風貌，二者顧及今人從左至右的閱讀習慣，以方便讀者翻閱，使這些書能真正走入大眾。然而，由於所選書籍品種較多，涉及的學科頗為廣泛，限於編者的力量，不免有所脫誤遺漏及不妥當之處，望讀者予以指正。

目　錄

弁言

    此係著者於民國九年至十一年在北京大學史學系所用之《近世歐洲史》講義，純以美國名史家 James Harvey Robinson 與 Charles A.Beard 二人所著之《歐洲史大綱》（*Outline of European History*）第二卷爲藍本，并稍稍取材於二人所著《現代歐洲史》（*History of Europe，Our Own Times*）一書。至於篇章之排次，則純取法於《現代歐洲史》，因較《大綱》爲明白有條理也。

    至於本書之主旨爲何，則原著《大綱·序文》中有數語，極其簡要。茲故引其成文，爲本書之弁言：

    歐洲通史，爲學校中最難應付之一種科目。男女學生，似均有明白人類全部過去之必要；若無此種知識，卽不能眞正明瞭若輩所處之世界，蓋唯有過去，可以說明現在也。舊日之歷史教科書，大部分均係過去"事實"之簡單紀載。殊不知值得吾人之研究者，實係過去之"狀況"，過去之"制度"，與過去之"觀念"也。而且舊日之史書，多注意於遠古，而略於現代，以致學生無明白過去與現在之關係之機會。

　　此二卷書之目的，在於免除舊籍之通病。第一，不重過去事實，而重古人生活狀況、所抱觀念及狀況與觀念變遷方法之說明。第二，二卷之書，以其半專述一百五十年來之現代史，蓋現代史與吾人最有直接之關係者也。

何炳松

民國十三年一月一日

杭州貢院舊址

緒論

歷史爲研究人類過去事實之學，故研究歷史 研究歷史之目的
者，往往爲歷史而研究歷史。殊不知博古所以通
今，現代之種種習俗及制度，無一不可以歷史解釋
之。今日之研究各種科學者——如自然科學、經濟
學、哲學、政治學、宗教等——莫不有研究歷史之
趨向。此非爲歷史而研究歷史，實因研究過去方可
以了然於現在耳。

是故欲明現代之政體及社會，非有歷史之研究
不爲功。凡事之有後果者，必有前因。個人如此，民
族亦然。世界各國——如英國、德國、法國、伊大
利❶、露西亞❷等——各有特點，故其現狀，各不相
同。倘不知其過去，如何能明其現在？德國、美國，同
屬聯邦，而精神互異；英國、西班牙同是君主，而
內容不同。凡此異點，唯有歷史可以說明之。博古
所以通今，研究歷史之目的，如是而已。

歐洲史類分爲三期：曰上古，始自紀元前五千 歐洲史之分期
年至紀元後四七六年；曰中古，始自紀元後四七六

---

❶ 今譯作意大利，下同。——編者註

❷ Russia之音譯。——編者註

年至一四五三年、一四九二年、一五一八年或一六四八年；曰近世，始自中古之末以迄現在。此種分期之法，本非自然，不過學者爲便於研究起見而已。而且各時代之交替，如四季之運行，漸而無跡。起訖之年代，特假之以爲標幟而已，非眞謂此年以前與此年以後之事跡，可以截分爲二也。

人類之歷史甚古

　　抑有進者，人類之歷史甚古。歐洲史之有紀載，雖僅七千年；然未有紀載以前之種種古蹟，在歷史上，其價值或且遠出於紀載之上，斷不能因其無紀載之故，遂斷其無史。近世學者，斷定世界上之有人類，距今至少已有五十萬年，是則吾人所研究之全部歐洲史，不過佔人類史百分之一。於百分之一之中，而強分之爲上古、中古與近世，寧非管窺之見？故吾人所謂“近世歐洲史”者，不過三四百年間事，僅佔人類史千分之一而已。此不可不知者也。

近世二字之意義

　　何謂近世？定義殊難。羅馬名人 Cicero 曾有“吾人的近世”（these modern times of ours）之言，希臘人亦云然。凡各時代人之有時間觀念者，當莫不云然。至於吾人所謂近世者，指近來三四百年而言，卽表明自紀元後十六世紀以來之人類思想與生活，與中古異，與現在同。

近世史何自始

　　近世史之始，無定期。中古、近世之交替，各方面之遲早不同，亦無定界。例如“羅馬法”之復興，關係今日之商業及政治者甚巨，實發端於中古之十二世紀。代議制度之發達及民族國家之興起，則

肇基於中古之十三世紀。不過自十七世紀以後，所
有各國之國會，方脫去中古時代之臭味。英國一六
八八年之革命，法國一七八九年之革命，皆其例
也。中流社會之得勢，自治政體之發達，實始於十
七世紀之英國。同時興起者，尚有科學。故吾人研
究近世史，當自英國代議制度完全成立時代始。

代議制度及科學，雖始於十七世紀，然文化、
宗教、商業等，則始於十六世紀。故歷史家多以十
六世紀爲過渡時代，并爲近世史之開始。茲略述其
梗概如下。

十六世紀爲中古近世之過渡時代

美術及文學之復興

"學問復興"發源於伊大利。其方面有二：曰美
術，曰文學。美術之興盛，以十五、十六兩世紀爲
最。美術家之負盛名者，有 Leonardo da Vinci，以科
學家而兼繪畫家；Michael Angelo 於繪畫、雕刻、建
築諸美術，無不精到，而且能詩；Raphael 爲第一繪
畫家，以善於描情著於世。此輩出世以後，美術史
上遂爲之別開生面，一變中古時代矯揉造作之惡
習。自然之美，乃大著於世。

美術

十五、十六兩世紀之美術品，雖屬名貴無倫，然
其影響於社會者，並不甚巨。得見眞蹟者已少，具
賞鑒能力者尤少。故美術之復興，不過歷史變遷之

美術復興之影響

一部，而不能爲歷史獨開新紀元，此不可不知者也。

考古精神

"學問復興"之第二方面曰文學。中古時代，文運極衰。及其末造，人生觀念，爲之大變。起而研究人生者，頗不乏人，而苦無典籍。希臘、羅馬之文學名著，遂應運而復興，而"考古精神"（humanism），於以大盛。中古時代之能讀書者，非教士卽律師；若輩所研究者，非《聖經》卽法律。純粹文學，非所問也。雖有一二文人，然其影響不著。至十五世紀初年，考古之徒，蔚然興起，羣以研究希臘、羅馬之異端文學爲能事。對於中古時代之習俗，多所抨擊。舊籍之謬誤者，加以校正，史學觀念，爲之一變。此輩學者雖無自出心裁之思想以貢獻於世，然其校正舊籍之謬誤、提倡批評之態度，實爲他日文明進步之先聲。

印字機之發明

文學復興之影響，正如美術，並不甚巨。唯自活版印字機發明以後，書籍出版，較昔爲易，故讀者亦較昔爲多。用印字機印刷之書，當以一四五六年在德國 Mayence 地方所印之《聖經》爲最古。至十六世紀初年，西部歐洲之有印字機者，已有四十餘處之多。印書約八百萬卷。

國語之興起

當日書籍雖仍沿用拉丁文，然文學著作漸多適用各國之國語。近世西部歐洲諸國之語言文字，實肇基於此。

地理上之發見及其影響

近世初年事業中之最有影響於人民思想者，莫過於地理上之探險及發見。一四九二年 Columbus 之發見美洲，卽其一端。一四九八年葡萄牙人 Vasco da Gama 環航非洲而達印度，攜南洋羣島之香料以歸。自一五〇二年第三次航行以後，Venice 之商業遂爲 Lisbon 所奪。其他地中海中諸城之專恃陸地商業爲事者，無不因之一蹶而不振。商業中心，遂自地中海而移入大西洋。 地理上之發見與商業

當十六世紀初年，Venice 商業之在地中海，有如今日英國商業之在西部歐洲，實爲諸國之冠。海軍之強，財力之富，殆無倫匹。派領事駐於西部歐洲諸大城中，時時以各地習慣、市場起伏及政情變化，報告於政府。一四五三年，土耳其人入侵歐洲，而 Venice 之商業，初不爲之減色。蓋其勁敵，爲冒險之海商，而非尚武之土耳其人也。 Venice

西部歐洲諸國，受海上商業利益之最早者，爲葡萄牙及西班牙二國，——一因東方香料及販奴以致富，一因美洲之金銀以致富。唯兩國政府，均甚不良，自一五八〇年，兩國合併以後爲尤甚。他日荷蘭與英國接踵而起，戰勝西班牙及葡萄牙人，東方商業遂爲荷蘭與英國所奪。葡萄牙之領土，僅留 葡萄牙

南美洲巴西一處及南洋中數島而已。

西班牙

至於西班牙，則自一四九二年發見美洲以後，於一五一九年 Cortez 有征服墨西哥之舉，數年後 Pizzaro 有征服秘魯之舉。美洲之金銀，遂源源流入西班牙。雖英國商船時有中途刧奪之舉，而西班牙諸港之貨物，并不因之減少。唯西班牙人不知善用其財力，且因維持舊教過力之故，將國內勤儉之民摧殘殆盡。如猶太人、回教徒，本以擅長銀行及工業著名，均被驅逐。從此國中遂無中流社會。國內財富，漸漸流入於北部歐洲。對外戰爭，又復失敗，荷蘭有獨立之舉，海軍又復爲英國所敗，國勢自此不振矣。

北歐海上商業

試披覽歐洲之地圖，即知荷蘭、英國之形勢，極適宜於海上商業之發展。沿海良港，不一而足，運輸貨物，極形便利。故兩國之海軍獨強，而爲他日商戰場中之健將。當中古時代，英國與荷蘭之商業，并不甚盛。蓋當時北部歐洲之商業，全握諸 Hansa 同盟之手。同盟之城，數約七十。凡英國 Baltic 海及露西亞之商業，無不在其掌握之中。

Netherlands

Netherlands（即今日荷蘭及比利時兩國舊壤）之商業，在十五世紀以前，尚在 Hansa 同盟之手，將英國之羊毛輸入 Flanders 諸城（即今日之比利時）織成毛織品，其精良爲當時之冠。Netherlands 之北部（即今日之荷蘭），雖係務農之邦，而漁業獨盛。沿海商業，至十六世紀時，亦極其發達，不久而成獨立國。

中古時代之英國與法國

當中古之世，英國、法國，已略具民族國家之
雛形。蓋歷代君主，均能一面鞏固中央政權，一面
摧殘封建之制也。減削封建諸侯之勢，在英國較
易。蓋英國自一○六六年 William 第一自 Normandy
入侵以後，所有貴族，易於就範。偶遇君主昏庸，則
諸侯每有跋扈之舉，如一二一五年英國王 John 之宣
布《大憲章》（*Magna Carta*）即其一例。自此以後，政
府不得非法審判或監禁人民，非經國會允許不得徵
收新稅。

民族國家之興起英國

至一二六五年，英國又有貴族之叛，主其事者
爲 Simon de Montfort，其結果有第一次國會之召
集。三十年後，英國王 Edward 第一有召集"模範國
會"（Model Parliament）之舉，平民之有代表，實始
於此。嗣後一百年間，Edward 第三與法國有百年之
戰爭，軍用浩繁，益不得不有賴於國會之援助。國
會之勢力，因之益大。

國會

百年戰爭（自一三四○年至一四五○年）方
終，英國之內亂隨起，即所謂玫瑰戰爭（The War of
Roses）是也。蓋其時 York 及 Lancaster 兩王族，互
爭王位。前者以白玫瑰爲徽，後者以紅玫瑰爲徽，故
有是名。此次戰爭，純在貴族，而平民不與焉。其

Tudor 朝諸君

結果貴族因戰爭而死亡者，不可勝數。故 Lancaster 族之 Henry Tudor 戰勝 York 族之 Richard 第三後，君主之權，驟較昔日爲大。新王卽位以後，國內之工商業日盛，國庫亦日形充裕。其子 Henry 第八卽位後，驕奢無度，國用遂匱矣。

法國 十六世紀以前之法國史，與英國正同。Capetian 朝諸君之戰勝諸侯，集權於中央政府，其事較英國爲難，至十三世紀時方告成功。當十三世紀中葉，中央司法機關，漸形發達，曰 Parlement。至一三○二年，有召集第一次國會之舉，其國會名 Estates- general。所謂 "Estates" 者，卽社會各級之謂；所謂各級，卽國內之僧侶、貴族、平民是也。故至十四世紀初年，法國已有代議制度及憲政之組織。不久與英國有百年之戰，法國受害最烈。當戰爭最烈之日，國會曾有擴張勢力之舉；不幸其領袖 Etienne Marcel 被刺死，內閣制遂與之同歸於盡。

法國君主之勢力 百年戰爭旣終，內亂隨之而起，兵匪爲患，舉國騷然。於是重開國會予君主以徵收地稅（taille）之權，爲平定內亂之用。而法國王遂以此爲政府固有之歲入。其結果則法國王無常常召集國會之必要。故其行動，遠較英國王爲自由，此法國所以無 "大憲章" 也。任意逮捕人民之惡習，亦至一七八九年大革命時，方得廢去。限制王權之機關，僅有巴黎之高等法院，蓋國王命令，須經其註冊，方生效力也。然國王一旦命其註冊，則該機關卽無抵抗之法。此種狀況，維持至大革命時始止。

中古時代之帝國

中古時代之德國及伊大利，與英國、法國不同。其時神聖羅馬帝國，雖自命爲全部歐洲之主，然其禁令尚不能通行於中部歐洲方面之本國。國內 Alps 山橫亙其中，統一不易。皇帝駐蹕於北，則伊大利叛；駐蹕於南，則德國之諸侯叛。

當十二世紀末造，Hohenstaufen 族之皇帝 Frederick Barbarossa 爲 Lombardy 同盟所敗後，北部伊大利諸城形同獨立。不久諸城之政權，漸入於僭主之手，然國勢殊盛。僭主之最著者莫過於 Milan 城之 Sforza 族。諸城之行民主制度者，首推 Florence 及 Venice 二國。然前者之政權，握諸豪族；而後者之政權，則隱然在 Medici 族人之手中。諸城之工商業甚盛，經濟充裕，故爲 "學問復興" 之中樞。 北部伊大利之獨立國

教皇領土，橫貫於伊大利之中部，而以教皇爲元首。在南部者有 Naples 王國。此國與 Sicily 當十一世紀之中葉，爲 Robert Guiscard 自東部羅馬帝國奪來。至十三世紀時，Naples 附屬於德國皇帝 Frederick 第二，後爲法國王 St. Louis 之弟 Anjou 之 Charles 所征服，而建 Angevin 王朝。至一二八二年，Sicily 叛而附於 Aragon 王國。當一四三五年至一四三八年間，Aragon 王國幷逐 Naples 之法國人，遂 中部及南部伊大利

合二國稱二 Sicilies 王國。

Charles 第八之入侵伊大利

當一四九四年至一四九五年間，法國王 Charles 第八入侵伊大利，志在恢復法國人之勢力。其始干戈所向，到處披靡。Naples 王國，不久卽入其手。成功之速，出人意外。唯法國王及其軍隊，得志逾恆，日形驕縱。同時其敵國又復合力以抵抗之。蓋 Aragon 王 Ferdinand 旣慮 Sicily 之喪亡，德國皇帝 Maximilian 又不願法國之兼併伊大利也。法國王於一四九五年敗而遁歸。至一五〇三年，Louis 十二售 Naples 王國於 Ferdinand。嗣後 Naples 王國之附屬於西班牙者，垂二百年。

Charles 第八入侵之結果

Charles 第八入侵伊大利之結果，表面上雖似不甚重要，實則其影響極爲宏大。第一，伊大利人無民族感情之跡，從此大著於世。自此至十九世紀中葉，先後臣服於異國，——先屬於西班牙，繼屬於奧大利❶。第二，法國人入侵伊大利後，極羨伊大利之文化。貴族之城堡，遂改築爲華麗之宮室。法國、英國、德國。三國人研究學問之風，蔚然興起。希臘文字，遂大盛於伊大利之外。故伊大利半島，不但政治上爲四鄰之犧牲，卽文化上亦漸失其領袖之資格。

法王之力爭 Milan

法國王 Louis 十二雖放棄南部伊大利，然對於 Milan 公國，則出全力以爭之。Francis 第一在位時，尚爭持不已，卒爲 Charles 第五所得。

---

❶ 今譯作奧地利。——編者註

十六世紀初年之德國，絕不似後日德國組織之 十六世紀時代之德國
完備。故當時法國人名之曰"諸德"（Germanies），蓋
國中小邦多至二三百，其面積、性質，均甚互異也。有
公國，有伯國，有大主教之領土，有主教之領土，有
獨立之城，又有極小騎士之領土。

至於皇帝，國帑有限，軍隊不多，絕無實力足 皇帝權力之微弱
以壓制諸侯之跋扈。當十五世紀末年皇帝 Frederick
第三，異常困苦，竟致乞食於寺觀。蓋當日德國之
政權，不在中央而在諸侯之手也。

諸侯中之最有勢力者，首推選侯。所謂選侯 選侯
者，蓋自十三世紀以來，卽握有選舉皇帝之權，故
名。選侯中有三人爲大主教，分領萊茵河上 Mayence、
Treves 及 Cologne 三地。在其南者爲"萊茵河上之宮
伯領土"，在其東北者爲 Brandenburg 及 Saxony 兩選
侯之領土，合 Bohemia 王而得七人。

選侯以外，尚有其他重要之諸侯。如：Wurtem- 其他之諸侯
berg、Bavaria、Hesse 及 Baden 四國，卽他日德國聯
邦中之分子。不過在當日國土較小耳。

德國城市，自十三世紀以來，卽爲北部歐洲文 城市
化之中心，正與伊大利之城市同。有直轄於皇帝
者，則名"自由城"或"皇城"，而爲德國之小邦。

德國騎士在中古時代，極有勢力。自火藥發明 騎士
以後，騎士無所施其技，其勢力大衰。領土過小，歲
入不足以自給，故流爲盜賊者甚多，而爲商旅之
大患。

德國小邦林立，時起爭端。皇帝既無力以維 德國無中央權力

持，諸侯遂設法以自衞。鄰國紛爭，遂爲法律所允
許，不過須於開戰前三日通知敵國耳。

國會　　德國之國會曰 diet。開會無定期，會場無定所，蓋
德國本無皇都者也。一四八七年以前，城市不得舉
代表。騎士及小諸侯亦然。故國會議決案，其效力
不能遍及於全國。

德國不能建設中央政府
之理由

德國不能建設一強有力之中央政府，其最大原
因，爲帝位之不能世襲。雖時有皇帝父子相承之
舉，然須經選侯之選舉，故入繼大統者，多不敢稍
拂諸侯之意，或稍奪諸侯之權。故自十三世紀 Hohen-
staufen 族覆滅以來，爲德國皇帝者，每汲汲於皇家
領土之擴充，而不顧全國之利害。一二七三年後
Hapsburg 族之皇帝，卽實行此種政策之最著者。自
十五世紀中葉後，爲皇帝者，多選自此族。

皇室之聯姻　　十六世紀初年之皇帝爲 Maximilian 第一。青年
時代娶 Burgundy 之 Mary 爲后，領有 Netherlands 及
萊茵河西介於德國、法國間一帶之地。Mary 不久
死，傳其領土於其子。其子娶西班牙之 Joanna 爲
后。后爲 Aragon 王 Ferdinand 與 Castile 女王 Isabella
聯婚所生之公主，財產之富爲歐洲冠。自美洲發現
以後，西班牙之富源日闢，故當公主于歸德國皇帝
時，嫁奩之富，殆莫倫匹。

Charles 第五　　Maximilian 之太子死，其子 Charles 年僅六
歲——一五〇〇年生於 Ghent 城。其外祖父 Ferdinand
死於一五一六年，其祖父 Maximilian 死於一五一九
年。Charles 遂領有廣漠之國土，其稱號之著者爲 Cas-

tile、Aragon、Naples 三國及美洲殖民地之王，奧大
利之大公、Tyrol 之伯、Brabant 之公、Antwerp 之邊
防使（margrave）、荷蘭之公等。至一五一九年，被
選爲德國皇帝，稱 Charles 第五。

Charles 第五赴德國之第一次在一五二〇年，召
集 Worms 大會以討論大學教授 Martin Luther 攻擊宗
教之著作。宗教革命之端，實發於此。

宗教改革

中古時代之教會，其組織之完備與勢力之宏 中古時代之教會
大，遠在當時政府之上。爲其元首者，爲駐於羅馬
城中之教皇。教會所根據之教義，最要者有二：第
一，教會以外，無救世之機關；第二，上帝救世以
各種儀節（sacraments）爲方法，舉行儀節之權，唯
教士有之。儀節中之最重要者，爲浸禮與聖餐。唯
教徒須向教士懺悔其罪過方得與於聖餐之禮。行禮
之後，罪過自除。懺悔與消除二種儀節，合稱曰"悔
過"（penance）之儀。蓋謂人不懺悔，則無消除罪過
之望也。

教士既握有執行儀節之權，故其勢力極巨。同 教會之組織
時教會不能無一種極形完備之組織。機關既大，流
弊滋多，故時有受人指責之事，而改革活動，在中
古時，已時有所聞。教會內容之不堪，至十五世紀

15

初年尤著；蓋是時適有教會分裂，教士不法之事也。

其結果則有屢次召集宗教大會之舉，隱然爲基督教中之代議機關。其最著者，爲一四一四年在瑞士 Constance 所開之會，然其改革之計畫，從未實行。嗣後五十年間，教皇常設法阻止此種改革之舉動。教會中之代議制，遂以失敗。

十五世紀末年之教皇

同時教會本身又絕無改革之表示。迨十五世紀之末造，教皇專意於擴張中部伊大利之領土，當時人遂了然於教皇之意志在政治而不在宗教。擴張領土，在在需錢。而教皇之歲入，向來多籌自德國——英國、法國君主，均早有停止輸款羅馬教皇之舉——故一旦 Martin Luther 提出抗議，德國全部，無不影響也。

Erasmus 之諷刺

當 Luther 幼時，即有著名學者 Erasmus 因鑒於教士之無知無識，教會之不法行爲，著文以諷刺之。然 Erasmus 輩之意，原望教會之能改革其本身。若輩對於教會，并無革命之意。即 Luther 之反抗教會，其初意亦不料竟成決裂之舉也。

Luther 及其主張

Luther 自幼即爲修道士，繼充 Saxony 之 Wittenberg 大學教授。嘗讀《聖經》及 St. Augustine 之著作，忽悟自救之道，端在"信"字（faith）。所謂信，即吾人與上帝生親密關係之意。如其無信，則赴禮拜堂，朝謁聖墓，參拜聖跡等事，均不足以消除吾人之罪過。人而有信，則雖不赴禮拜堂可也。

一五一七年在德銷售之贖罪券

Luther 此種主張，本不足以引起世人之注意。至一五一七年，教皇因重修羅馬之 St. Peter 教堂，需費浩大，有銷售贖罪券於德國之舉，遂激起 Luther 之抗議。其主張乃大著於世。

贖罪券之頒給，起源於懺悔之儀。教會中人嘗謂凡人能自懺悔者，上帝必赦其罪過；然悔過者須行"善事"（good works）——如齋戒、禱告、朝拜等——方可。吾人雖死，然因悔過之義未盡，必入煉罪所。所謂贖罪券，頒自教皇，得之者可免此生一部分悔罪之苦行，及他日煉罪所中全部或一部之痛苦。故所謂贖罪券者，非赦罪之謂，乃減少苦行之謂也。

贖罪券之原理

人民之捐資於教會者，多寡不同。富者多捐，貧者則可以不出資而得贖罪券。然經理贖罪券者，每有貪多務得之舉，受人叱罵。

銷書之方法

一五一七年冬十月，Dominic 派之修道士名 Tetzel 者，在 Wittenberg 附近地方勸銷贖罪券，其言多有未當。Luther 聞之，以爲與基督教精義相反，遂著《贖罪券論文》九十五條以辨其非。榜其文於禮拜堂門外，任人辯難。

Luther 之贖罪券論文

Luther 之榜其《論文》也，原不料有驚動世人之結果。其《論文》係用拉丁文所著，唯學者能讀之。而不久卽有人譯成德國文，播之全國。其《論文》之大意，略謂贖罪券之購買與否，無關宏恉，不如省其費爲日用之需之爲愈。信上帝者，上帝祐之，購券無益也。云云。

論文之內容

Luther 旣著《論文》，乃潛心研究教會史，以爲教皇之得勢，乃係漸進者。耶穌門徒絕不知有所謂

Luther 懷疑教會之組議

17

聖餐、朝拜諸儀；更不知有所謂煉罪所與"贖罪券"，及居於羅馬之教皇。

Luther 致德國貴族之通告

同時 Luther 幷潛心於研究及著述。其文氣遒勁異常，運用德國文頗具舒展自如之能力。至一五二〇年發行小叢書數種，實開宗教革命之端。就中之最足以動人者，莫過於致德國貴族之通告。略謂現在教會內容之不堪，盡人皆知。然欲教會之自行改革，不音坐以待斃，又何如由各國君主實行改革教會之爲愈。又謂爲教士者除應盡職務外，幷非神聖，故應服從各國之政府。又謂現今寺院林立，爲數太多，應將修道士放之還俗。爲教士者，應准其娶妻。伊大利方面之教士，多取資於德國，應設法抵抗。此種主張一出，不音爲宗教革命之宣言。全國響應，良非偶然。

Luther 焚燬教皇之諭

Luther 既有非議教皇之舉，教皇遂下令逐 Luther 於教會之外；Luther 不服，竟焚其諭。一五二〇年德國皇帝 Charles 第五赴德國召集大會於 Worms，令 Luther 赴會。Luther 雖如命往，然始終不願取消其主張。德國皇帝亦無如之何，放之出走。

Luther 之隱居

Charles 第五不久卽離德國而歸，十年之間，因一面西班牙有內亂，一面有與法國王 Francis 第一之戰爭，無暇兼顧宗教上之爭執。同時 Saxony 選侯 Frederick 頗加意於 Luther 之保護。故當 Luther 自 Worms 大會回里時，中途卽爲密友攜至選侯之城堡曰 Wartburg 者。Luther 居此凡二年，日唯以著書爲事，《聖經》譯成德國文，卽在此時。

同時宗教革命一變而爲社會革命。第一，爲騎士之反抗廣有領土之主教。騎士力小而敗，而人民所受之損失殊巨。故世人頗有歸咎於 Luther 者，以爲彼之著述實有以致之。

較貴族革命尤烈者，爲一七二五[1]年農民之叛。其時德國農民，紛紛標上帝公正之名，以報復舊怨爲事。所要求者，頗有合理之處，其最著者曰《十二條》。略謂《聖經》之上，並無納租於地主之明文，地主與佃戶旣同是教徒，又何得以奴隸視佃戶？又謂若輩甚願納其應納之租，至於例外之徭役，則非有相當之工資不可。並要求各地方應有自選牧師之權，牧師之不稱職者，得隨時解除之。

其時農民中之激烈者，有殺盡教士及貴族之主張。城堡及寺院之被焚燬者以數百計，貴族之被慘殺者亦不一其人。Luther 本農家子，對於農民，本有同情，嗣因勸之不聽，遂有力勸政府以武力平定叛亂之舉。

德國諸侯納其言，遂以殘刻方法平定之。至一五二五年夏，農民之被慘殺者，數以萬計，而受毒刑者不與焉。地主對待佃戶之苛虐，曾不爲之少減，佃奴之苦況，反較叛亂以前爲甚。

一五二九年，德國皇帝 Charles 第五再召集大會於 Speyer，以實行昔日 Worms 大會處置異端之議決案。然自一五二○年以來，德國諸邦及城市中，已有實行 Luther 派之宗教及其對於寺院及教產之觀念

---

[1] 當爲一五二五之誤。——編者註

19

者。然係少數，故唯有根據於一五二六年第一次 Speyer 大會之議決案，提出抗議（Protest），主張各國對於此種事務之處置，自有權衡。此輩抗議者並以多數專制之事，訴諸德國皇帝之前及後來之宗教大會。"抗議者"三字遂爲後日新教徒之通稱。

Augsburg 信條

一五三〇年，德國皇帝 Charles 第五赴德國，召集大會於 Augsburg。新教諸侯提出 Augsburg 信條於大會，內中詳述若輩所信之教義。此文至今尚爲 Luther 派教徒之教條。唯德國皇帝仍令新教徒允舊教徒之要求，將所有籍沒之財產交還舊主，且此後不得與舊教徒爲難。不久德國皇帝又因事他去，自此不入德國者又凡十年。新教之勢遂乘機日盛矣。

Augsburg 和議

德國皇帝 Charles 第五曾欲摧殘新教而不得，不得已於一五五五年承認 Augsburg 之和議。其重要之條文如下：凡皇帝直轄之諸侯、城市及騎士，得以自由選擇其信仰之宗教。如主教之爲諸侯者，一旦宣布信奉新教時，則所有財產，卽須交還於教會。德國各邦之人民均須信其本國所奉之教，否則唯有移居他國之一途。無論何人，必信舊教或 Luther 派之新教，不得另奉第三種宗教。故當時德國人實無眞正之信教自由也。

法國之新教徒

John Calvin

同時新教運動之影響，漸及於他國。其在法國

有 Calvin，其能力與 Luther 同，而其智力則遠在
Luther 之上。因懼政府之抑制，遁入瑞士；先往 Basel
城，繼又遁入 Geneva 城，遂家焉。時一五四〇年也。該
城方脫離 Savoy 公國而獨立，遂付 Calvin 以改革市
政之權。Calvin 編訂憲法，設立政府，將宗教、政治，冶
於一爐。付管理教會之權於"長老"（Presbyters），故
Calvin 派之新教有長老會派之名。故法國之新教乃
Calvin 派，而非 Luther 派，蘇格蘭亦然。

法國王 Francis 第一及其子 Henry 第二（一五四 法國之新教徒
七年至一五五九年）屢有虐殺新教徒之舉。然新教
徒日增月盛，而以中流社會及貴族居多。故法國之
新教徒，不僅爲宗教上之信徒，亦且爲政治上之朋
黨。至十六世紀末造，勢力甚盛，能以武力抵抗政
府。Henry 第二之長子 Francis 第二在位不過一年，其
次子 Charles 第九（一五六〇年至一五七四年）以十
齡之童入承大統，母后 Catherine de' Medici 居攝。

母后 Catherine 居攝之始，本欲以調和新舊教徒 Catherine 與 St. Bar-
tholomew 節日之虐殺
爲己任。不久舊教首領 Guise 公有虐殺新教徒於
Vassy 之舉。此後三十年間，國內每有假宗教之名，以
實行其焚燬劫掠之實者。至一五七〇年，新舊教徒
有停戰之舉。是時新教首領 Coligny 有聯絡舊教徒合
力以抵抗西班牙之計畫，故頗得國王及母后之信
任。舊教首領 Guise 公忌其計畫之實行，思有以尼
之。遂譖 Coligne❶於 Catherine 之前，謂其計畫非出
諸本心，母后信之，乃使人謀刺 Coligny，傷而不死。母

❶ 當爲Coligny之誤。——編者註

后恐王之發其罪也，乃造蜚語於王前，謂新教徒實有圖謀大舉之意，王信之。於是巴黎舊教徒定期於一五七二年 St.Bartholomew 聖誕之夕，聞號襲殺 Coligny 及新教徒。蓋其時因王姊 Margaret 與 Navarre 王信奉新教之 Henry 結婚，全國新教徒多來巴黎觀禮也。是役也，巴黎城中被殺而死者約二千人，其他各地約萬餘人。

三 Henry 之戰　　　　　虐殺新教徒之後，內亂隨起。法國王 Charles 之弟 Henry 第三（自一五七四年至一五八九年）既卽位，一面與新教首領 Navarre 之 Henry 戰，一面又與舊教首領 Guise 公名 Henry 者戰。舊教首領被刺死，法國王亦為舊教徒所刺而死。新教首領遂入承大統，稱 Henry 第四——實為法國 Bourbon 王朝之始。Henry 第四既卽位，乃改信舊教。至一五九八年下 Nantes 之令，許新教徒以信教之自由。當時國內昇平無事，農商諸業經政府之提倡，極其發達。至一六一〇年 Henry 第四不幸被刺死，傳其位於其子 Louis 十三（自一六一〇年至一六四三年）。自一六二四年至一六四二年，法國王權，實握諸名相 Richelieu 之手。摧殘國內新教徒，王權為之大張。

英國之教會

英王 Henry 第八　　　　　英王 Henry 第八卽位，權力甚大。蓋其時貴族之勢已衰，中流社會未起也。其初隱握政權者為

Wolysey，不甚與聞歐洲大陸之戰爭。Henry 第八對於 Luther，其初本不甚贊成，曾著書以抨擊之。嗣因王欲與后 Aragon 之 Catherine 離婚，Wolscy[1]與羅馬教皇均不以爲然，遂生嫌隙。其初與教皇所爭者，不在宗教而在教會之管理權。一五三四年，英國國會通過《獨尊議案》，宣言國王爲英國教會之最高首領，有任命教士及徵收教稅之權。因實行議案而有虐殺之舉。唯此時英國王尚自信爲舊教徒，凡不信舊教者，必加以刑。不過英國教會，此後須受其監督耳。然其時仍有解散寺院，籍沒教產之舉。英國王之用心，原不堪問，不過反對羅馬教皇之舉，頗合國人心理耳。

Henry 第八之子 Edward 第六卽位後，與教皇所爭者，方關於教義之上。故有《祈禱書》及《二十四教條》之編訂。至女王 Elizabeth 時代重訂教條，減之爲三十九，至今爲英國國教之重要教義。

英國國教之成立

女王 Mary（自一五五三年至一五五八年）爲 Catherine 之女，極信舊教。與西班牙王 Philip 第二結婚後，遂抱虐殺新教徒之政策。然新教徒之熱誠並不爲之少減。故女王 Elizabeth 卽位後，對於宗教，一仍 Edward 第六政策之舊。

Mary 虐殺新教徒之無益

---

[1] 當爲Wolysey之誤。——編者註

羅馬舊教之改良

Trent 宗教大會　　　　同時舊教教會亦頗盡力於改革。自一五四五年至一五六三年間，有 Trent 宗教大會之召集；編纂教條，至今爲舊教教會之教義。

耶穌社　　　　　　　　是時舊教中組織之最有勢力者，莫過於耶穌社❶。創始者爲西班牙人 Ignatius Loyola，時一五四○年也。頗得教皇之信任。耶穌社中人以絕對服從教皇著於世。傳道事業與教育事業並重，故青年子弟因而養成爲純粹舊教徒者，頗不乏人。傳道事業，所及尤廣，社員足跡，殆遍天下。

西班牙王 Philip 第二　　其時援助教皇及耶穌社之最力者，爲西班牙王 Philip 第二（自一五五六年至一五九八年）。王極信舊教，幾有傾其國以維持舊教之概。設立異端裁判所之目的，卽在於此。同時並命 Alva 公率軍隊赴 Netherlands，以剗除新教。Flanders 人之逃往英國者甚多。唯北部則有 Orange 公 William 爲新教徒之領袖，以抵抗西班牙王之壓制。

荷蘭之獨立　　　　　　其時荷蘭人多信新教，Netherlands 南部人則多信舊教。唯因 Alva 公過於殘刻之故，故南部舊教徒亦均心懷攜貳。不久 Alva 公被召歸國，其軍隊於一五七六年大掠 Antwerp 城，卽歷史上所謂"西班牙

---

❶　"耶蘇社"，當爲"耶穌社"。——編者註

之怒"（the Spanish fury）是也。此後三年間 Nether-
lands 南北兩部，合力反抗西班牙。不久西班牙王另
命大臣來處置一切，方法和平。南北兩部，因之分
裂。僅北部七省於一五七九年組織 Utrecht 同盟，至
一五八一年，宣布獨立。此次獨立事業之最出力
者，卽 Orange 公 William 其人。西班牙王於一五八
四年陰令人刺之而中，然荷蘭獨立之根基已固矣。

　　西班牙之敵，除荷蘭外，尚有英國。蓋英國自　　西班牙之無敵艦隊
Elizabeth 而後，已顯然爲新教之國也。而且英國商
船時有刼奪西班牙商船之舉，尤爲西班牙人所切
齒。西班牙王 Philip 第二欲用一勞永逸之計，組織極
大之海軍艦隊以攻英國。英國軍艦輕便易於駕駛，加
以適遇大風，遂大敗西班牙之海軍。西班牙之國
力，至是垂盡。卽在今日，猶未恢復焉。

三十年戰爭

　　德國自 Augsburg 和議後，新教之勢，日形發　　三十年戰爭
達。至一六一八年，信仰新教之 Bohemia 忽叛 Haps-
burg 之皇帝，遂開三十年宗教戰爭之局。戰爭之第
一步，舊教諸國羣起合攻 Bohemia，大獲勝利。蓋新
教諸君意見不合，且無能也。第二步，爲丹麥王來
助德國新教徒，至一六二九年爲德國軍統 Wallenstein
所敗。德國皇帝下交還教產之命（Edict of Restitu-

25

tion），凡自 Augsburg 和議後新教徒自舊教教會奪來
之財產，均須交回舊教徒。第三步，因交還教產，新
教徒喪失太大，再開戰事。瑞典王 Gustavus Adolphus
南下援助新教徒，所向披靡。德國皇帝在德國北部
之軍隊，被逐一空。然瑞典王亦於一六三二年在
Lützen 戰場上陣亡。第四步，是時法國名相 Richelieu
欲乘機限制德國皇帝之勢力，出兵援助德國之新教
徒。兵連禍結，以迄於一六四八年，方開和平會議
於 Westphalia 之二城。

Westphalia 和約　　據和約之規定，凡新教諸邦於一六二四年以前
所籍沒之舊教財產，無須交還，且仍有選擇本邦宗
教之權。各邦有與國內各邦及他國締結條約之自
由。從此帝國僅存其名，實與瓦解無異。德國北部
沿海之地，讓予瑞典；Metz、Toul、Verdun 三城，及
德國皇帝在 Alsace（除 Strassburg 一城以外）之權
利，均歸諸法國。荷蘭、瑞士之獨立，同時並得各
國承認。和約既訂，宗教戰爭遂告終正❶。民族國
家，至此大盛矣。

---

❶ "正"，當爲 "止"。——編者註

第一卷

十七、十八兩世紀之回顧

第一章　英國國會與君主之爭權

第一節　James第一與君權神授之觀念

英國與其國會

　　英國位於島中，四面環海，故與歐洲大陸戰爭之機會絕少。歐洲大陸諸國戰事方殷之日，正英國昇平無事之秋。當中古時代，國會制度，已甚發達。然至中古末造，國會之勢力極微。十六世紀初年，Henry第八尚有藐視國會之態。

Elizabeth 在位時代之國會

　　至十六世紀末年，女王 Elizabeth 頗欲伸其實權於國會之上，國會竟有抵抗之能力。蓋是時商業日盛，民智日開，加以戰勝西班牙後，愛國之心日益發達，而對於專制君主，仇視益深也。他日 Stuart 朝繼起，唯以擴充君權爲事，故有十七世紀之內亂。其結果則王權衰落，而國會之勢日張。

James 第一之卽位

　　一六〇三年女士❶Elizabeth 卒，穌❷格蘭王 James

---

❶　“女士”，當爲“女王”。——編者註
❷　“穌”，當爲“蘇”。——編者註

第六入主英國，改稱 James 第一。英國、蘇格蘭及 Wales 三國，自此合稱爲大 Britain。James 第一爲 Tudor 朝 Henry 第七之後，故得入承英國大統。

James 第一既卽位，頗欲壓制國會以自逞。同時對於君權觀念又復主張專制。彼固學者，且喜著書。曾有關於君主之著作刊行於世。意謂君主可以任意立法而毋庸得國會之同意；凡屬國民均是君主之臣子，生殺予奪，權操於君。又謂明主雖應守法，然絕不受法律之束約，而且有變更法律之權。又謂“與上帝爭者，旣謂之瀆神；……則與君主爭者，豈非罔上？”

James 第一對於君主之觀念

此種主張，在今日視之，固近謬妄，然在當日，則 James 第一不過摹仿前朝諸君之專制及大革命以前之法國王，並非創舉。以爲君爲民父，上帝實命之。人民旣尊重上帝，卽不能不服從君主。故爲君主者，對於上帝負責任，非對於國會或國民也。至於 James 第一與國會爭權之陳跡，實爲他日其子 Charles 第一喪命之機，茲不多贅。

君權神授

James 第一在位時代之著作家，極足以照耀於史册，而爲英國之光榮。世界最著名之戲曲家 Shakespeare 卽生於此時。Shakespeare 於 Elizabeth 時代，雖已有著作，然其名著——如 *The King Lear* 及 *The Tempest* 諸篇——實於 James 第一時代出世。同時並有大哲學家 Francis Bacon 著《學問之進步》（*Advancement of Learning*）一書行於世。其意略謂舊書如 Aristotle 等著作，已不可持，吾人應加意

James 第一在位時代之著作家

於動植物及化學之研究，以便知其究竟，而利用之
以謀人類狀況之改善。Bacon 之能文，殆可與 Shake-
speare 相埒，所異者不過散文、韻文之別耳。是時並
有英譯《聖經》之舉，至今爲英國文譯本之最。

　　是時又有名醫生名 William Harvey 者，潛心研
究人體之機能，遂發現血液循環之理，爲生理學上
別開生面。

第二節　Charles第一與國會

Charles 第一

　　James 第一之子爲 Charles 第一。雖較其父爲稍
具君人之度，然其固執己見、失信於民，則與其父
同。其父之惡名未去，卽與國會啟爭執之端。曾向
國會籌款，國會恐其靡費也，不允，乃思以戰勝他
國之榮，結好於國會。當三十年戰爭時，西班牙曾
竭力援助舊教徒，至是 Charles 第一雖無軍餉，亦竟
與西班牙宣戰，籌畫遠征隊赴大西洋中劫奪西班牙
之商船，而終不得逞。

Charles 第一之橫暴

　　國會既不允納款於王，王遂以強橫之方法徵稅
於民。英國法律雖禁止君主不得向人民要求“禮
物”（gifts），然并不禁其向人民假款。Charles 第一
遂實行假貸之舉，紳士因不允而被逮者五人。於是
君主無故逮捕人民之問題遂起。

權利請願書

　　英王橫暴之跡既著，國會遂起而限制之。至一

六二八年，提出著名之《權利請願書》(*The Petition of Right*) 於政府。書中對於國王及其官吏之橫征暴斂，極言其非法。又謂此後非得國會之允許，國王不得向人民要求禮物、假貸、損款、賦稅等。非根據《大憲章》不得任意逮捕或懲辦人民。軍隊不得屯駐於民家。Charles 第一不得已而允其請。

是時王與國會之宗教意見，又生衝突。蓋 Charles 第一之后，本係法國之舊教徒；而德國之 Wallenstein 及 Tilly 又有戰敗丹麥之事，同時法國名相 Richelieu 又竭力摧殘新教徒。James 第一及 Charles 第一均有與法國、西班牙合力保護英國舊教徒之意。下議院中之新教徒，漸懷疑慮。同時國內禮拜堂，亦漸多復行舊教儀式者。

> 宗教意見之衝突

此種情形既著，國王與國會之意見益左。一六二九年之國會，對於國王之舉動，頗爲憤激，遂被解散。從此英國無國會而治者，前後凡十一年。

> Charles 第一之解散國會

王既解散國會，然實無統治之能力。加以橫征暴斂，大失民心，伏他日國會重振之機。如徵收"船稅"(ship money) 卽其一端。蓋英國沿海各港向有供給戰船於國家之義務，Charles 第一忽令其納捐以代之。並向居在內地之人民徵收同樣之船稅。意謂此非國稅可比，凡英國人均有輸款護國之義云。

> Charles 第一之暴斂

其時有 John Hampden 者，爲 Buckinghamshire 之縉紳，竟行反抗輸納船稅二十先令之舉。此案遂提交於法庭以審之，卒以法官多數之同意判其有罪。然國人自此切齒矣。

> John Hampden

Willian Laud

一六三三年，Charles 第一命 William Laud 爲 Canterbury 大主教。Laud 以爲欲鞏固國教及政府之勢力，則英國國教應折衷於羅馬舊教及 Calvin 派新教之間。並謂爲國民者應遵守國教之儀式，然政府不應限制人民對於宗教之良心上主張。Laud 既任大主教之職，即有查視其轄地各教堂之舉。凡教士之不遵國教儀式者，則提交 "高等特派法院"（Court of High Commission）審判之。如其有罪，即免其職。

新教徒中之黨派

是時英國之新教徒，分爲三派：一爲高教會派（High Church Party），一爲低教會派（Low Church Party）。前者雖反對教皇及 "聖餐"，然其遵守舊教儀式，則與昔無異。故其對於 Laud 之主張，異常滿意。後者即清眞教從（Puritans），則頗不以 Laud 之舉動爲然。蓋此輩雖異於長老會派之主張廢止主教制，然對於教會中之 "迷信習慣"（Superstitious Usages）——如教士之法衣，浸禮所用之十字架，《聖餐禮》中之跪拜等——無不反對。至於長老會派之教徒，雖有與清眞教徒相同之處，然並有仿行 Calvin 派制度之主張，故與清眞教徒異，此不可不辯者也。

獨立派

此外又有分離派（Separatists），亦稱獨立派（Independents）。此派主張各地方應自有宗教之組織，故對於英國國教及長老會派，均反對之。英國政府禁其集會（會名 conventicle），故至一六〇〇年時，頗有逃至荷蘭者，居於 Leyden 地方。至一六二〇年有乘 Mayflower 船移民於北美洲之舉，即歷史上所謂 Pilgrim Fathers 者是也。北美洲新英諸州之殖民地，即

出諸此輩之力。其教會之在北美洲者，至今尚稱爲
獨立自治派（Congregational）。

第三節　Charles第一之被殺

蘇格蘭當女王 Elizabeth 在位時代，有 John Knox 其人，將長老會派之新教傳入。嗣因 Charles 第一強迫蘇格蘭應用新訂之《祈禱書》，故蘇格蘭於一六三八年有《國民契約》（*National Covenant*）之締結，以維持長老會派之新教爲宗旨。

Charles 第一志不得逞，乃思以武力強使之行。其時王適有大宗胡椒由東印度公司運歸，遂以賤價出售，以充軍需。不意所招軍士均隱與蘇格蘭之新教徒表同情，無心出戰。Charles 第一不得已於一六四〇年召集國會。因其會期甚長，故有長期國會之名。

國會既召集，即有逮捕 Laud 監禁於倫敦監獄之舉。宣布其大逆不道之罪於全國。王營救雖力，終不能出其罪。遂於一六四五年處以死刑。同時國會又通過《三年議案》（*Triennial Bill*），規定嗣後雖不經國王之召集，國會會期至少每三年一次。Charles 第一之專制政府，根本爲之搖動。國會不久又提出《大抗議》（*Grand Remonstrance*），內中縷述國王之種種不法行爲。并要求國務大臣應對於國會負責任。並將此文印頒全國。

Charles 第一與蘇格蘭長老會派之爭執

Charles 第一召集長期國會

長期國會反對英王政策

Charles 第一逮捕下議院議員五人	國會既表示其反抗政府之意，王大不悅，乃有下令逮捕下議院議員五人之舉。不意王入議場時，此五人早已遁往倫敦城中矣。
內亂之開始（一六四二年）	是時王與國會，各趨極端，均有預備開戰之舉。助國王者曰騎士黨，多貴族舊教徒及下議院議員之反對長老會派者。國會議員之反對國王者曰圓顱黨，因若輩皆截短其髮以示其反對貴族之意也。
Cromwell	其時爲圓顱黨之領袖者，爲來自田間之國會議員 Oliver Cromwell。其軍士類係深信宗教之人，與普通輕浮不法者異。英國之北部及哀爾蘭❶人多信舊教，故竭力援助國王。
二大戰	戰事既起，遷延數年，自第一年以後，王黨之勢日促。戰事之最烈者，首推一六四四年 Marston Moor 之戰；及次年 Naseby 之戰，英國王敗創特甚。王之書札，入於圓顱黨人之手，舉國乃曉然於國王有求援於法國及哀爾蘭以平內亂之意。國人益形切齒。一六四六年，王爲援助國會之蘇格蘭軍隊所獲。解交國會。國會拘之於 Wight 島中者凡二年。
Pride 驅逐國會議員	是時下議院議員中頗有黨於王室者，至一六四八年之冬，遂提出調和國會與國王爭執之議。團長 Pride 頗反對斯舉，率兵至議場中將王黨之議員，全數逐出。
Charles 第一之被殺	王黨議員被逐後，國會之勢力，全爲反對黨人所佔。乃有審判國王之提議。宣言下議院既爲人民

---

❶ 今譯作愛爾蘭，下同。——編者註

所選舉，當然爲英國之最高機關，雖無君主及上院可也。乃由下議院指派反對國王最力者組織高等法院以審理之。一六四九年正月三十日，判處國王以死刑，僇其首於倫敦 Whitehall 宮門之外。王之死，殊非全國人民之意，蓋主持此事者，實少數激烈黨人也。

第四節　Oliver Cromwell與共和時代

國王既被殺，"殘缺國會"（Rump Parliament）遂宣布共和政體，廢君主及上院。然主其事者，實爲軍統 Cromwell 其人。Cromwell 之實力，專恃獨立派教徒。其時英國人之贊成清眞教派及廢止君主者，爲數甚少；而共和政體竟能維持如是之久，殊出意外。其時雖長老會派之教徒，亦頗黨於 Chales 第一之子 Charles 第二。然因 Cromwell 有治國之才，且有軍隊五萬人在其掌握，故能實行共和至十三年之久。

英國建設共和政府

Cromwell 雖握有軍政之大權，然國步艱難，統治不易。是時三島分離，不相統一。哀爾蘭之貴族及舊教徒宣布 Charles 第二爲王。而新教首領名 Ormond 者，又集合哀爾蘭之舊教徒及英國黨於王室之新教徒，組成軍隊，以謀傾覆共和政府。故 Cromwell 先率兵入哀爾蘭，既陷 Drogheda，殺死二千餘

征服哀爾蘭及蘇格蘭

人。干戈所指，無不披靡，至一六五二年，全島之亂遂平。逐哀爾蘭之地主入山，藉沒其土地以予英國人。同時（一六五〇年），Charles 第二又自法國入蘇格蘭，願奉長老會派之宗教，蘇格蘭人羣起擁戴之。然不久亦爲 Cromwell 所征服。

一六五一年之航業議案

英國國內，雖屬多事，然 Cromwell 尚能從容戰勝商業上之勁敵荷蘭人。其時歐洲與殖民地間之運輸，全賴 Amsterdam、Rotterdam 二港之商艦。英國人忌之，乃於一六五一年由國會通過《航業議案》（*Navigation Act*），規定凡物產輸入英國者，必由英國商船或輸出物產國之商船運入。此議案通過後，荷蘭、英國間遂起商業上之競爭。兩國海軍，屢有衝突，而互有勝負。實開近世商戰之局。

Cromwell 解散長期國曾（一六五三年）及其被選爲護國者

Cromwell 與國會之意見，屢有衝突，與昔日之 Charles 第一正同。其時"殘缺國會"雖係清眞教徒，然其賄賂公行，營私植黨，久爲國人所不齒。Cromwell 因其破壞大局也，遂痛責之。其時有議員起而抗辯，Cromwell 大呼曰："來，爾輩之爲惡已多矣！吾將止之。此已非爾輩所居之地矣。"言已，揮兵士入議場驅之。長期國會，至此遂解散。Cromwell 卽於是年四月召集新國會，以"畏上帝"之人充之。卽歷史上所謂 Barebone 國會是也。蓋其時國會議員中有倫敦商人名 Praisegod Barebone 者，最爲時人所注目故名。然所有新議員，雖"畏上帝"，而對於國家大事，毫無經驗，應付爲難。故於是年十二月，議員中之較有常識者，自行宣布國會之解散，並付國家大權於 Cromwell。

此後五年之間，Cromwell 雖不願有加冕之舉，實　　　Cromwell 之外交政策
與君主無異。彼雖不能鞏固國內之政府，然其對外
政策，則到處勝利。與法國締結同盟，並助法國而
戰勝西班牙。英國遂得 Dunkirk 地方及西印度羣島中
之 Jamaica 島。法國王 Louis 十四最初不願以 "吾之
中表"（my cousin）（此係歐洲各國君主間之通稱）稱
Cromwell，至是曾對人言願稱其爲父，亦足見 Crom-
well 當日聲勢之宏大也。Cromwell 至是已儼然以君
主自居，而其行動之專制，亦竟不亞 James 第一與
Charles 第一云。

一六五八年五月，Cromwell 忽患寒熱交作之　　　Cromwell 之去世
疾，其時國內適有大風拔木之象，王黨黨人以爲此
乃天奪之魄、神人交憤之徵。不久遂卒。臨終時，禱
於上帝，略謂："汝命我爲英國人民造福，并爲汝服
務。愛我者固多，而惡我者亦衆。願汝恕之，蓋若
輩亦汝之民也並願汝恕我祈禱之愚。"云云。

第五節　復辟

Cromwell 既死，其子 Richard 庸碌無能，不久　　　復辟
退位。長期國會之議員，乃有重行集合之舉。然其
時國中實權，仍在軍隊之手。一六六〇年，有軍官
名 George Monk 者，統率蘇格蘭軍隊入倫敦，以平
內亂。方知國人並不贊助長期國會之議員，而長期

國會不久亦自行解散。蓋知衆怒難犯，兵力難抗也。其時國人對於武人之驕橫，久懷厭惡，故極願 Charles 第二之復辟。新國會兩院合議歡迎國王 Charles 第二。共和政府，至此遂覆。

Charles 第二之性質

Charles 第二之固執己見，與其父同，然其才力較其父爲大。雖不願受國會之牽制，然始終不欲傷國人之感情而與國會生衝突。其時朝廷官吏，頗好歡娛。當日戲曲之淫靡，溢出常軌。蓋清眞教徒得勢時代，禁止人民行樂，未免矯情，故復辟之後，有此反動也。

國會之宗教政策

Charles 第二時代之第一次國會，議員和平者居多，其二次國會之議員，則大半多係騎士黨人，與國王之意見，極其融洽，故能維持至十八年之久。君王與國會從無互爭雄長之舉。唯對於清眞教徒，多所限制。如不遵英國國教儀式者，不得充城市之官吏。其影響並及於長老會派及獨立派。至一六六二年，又有《一致議案》（Act of Uniformity）之通過，規定凡不遵《普通祈禱書》者，不得充教士。教士之因此辭職者，凡二千人。

新教之異派

自此種議案通過後，全國新教徒之不遵國教儀式者，漸成一派曰新教之異派（Dissenters）。凡獨立派、長老會派、浸禮會派（Baptists）及朋友會派（Society of Friends 或通稱爲 Quakers）皆屬之。嗣後諸派無復壟斷國內政治或宗教之觀念，祇求信教自由而已。

英王贊成信教自由

新教之異派既切望政府允許其信教自由，不意國王忽有贊助之意，蓋其意固在舊教徒也。國王對於《一致議案》曾與國會商議減輕之道並有信教自由之宣言。然國會深恐王之意，或在恢復昔日之舊教，故於一六六四年有極嚴厲《宗教集會議案》（Conventicle Act）之通過。

此案規定凡成年之人，不遵國教儀式而集會者，則處以徒刑。因此犯法遠戍者，爲數頗夥。數年以後，王又有予舊教及新教異派以信教自由之宣言。國會不允，迫其取消，一面並有《試驗議案》（Test Act）之通過，凡不遵國教儀式者，此後均不得充當官吏。

《宗教集會議案》

其時國會議案中之重要者，當以一六七九年之《出庭狀議案》（Habeas Corpus Act）爲最。此案規定凡人民之被逮者，須將理由告知，速予審判，並須根據國法辦理。此種原理至今爲身體自由保障之要義。立憲國家，莫不承認。

一六七九年之出庭狀議案

英國與荷蘭之戰爭，始自 Cromwell，至是復啟。蓋 Charles 第二極欲擴充英國之商業及領土。海上戰爭因兩國勢均力敵之故，難分勝負。迨一六六四年，英國佔據荷蘭所領之西印度羣島及 Manhattan 島上之殖民地（即今日之紐約），荷蘭不能敵。至一六六七年而和。

與荷蘭之戰爭

第六節　一六八八年之革命

Charles 第二死，其弟 James 第二繼之。James

第二極信舊教，並繼娶舊教徒 Modena 之 Mary 爲后。卽位後，卽一意以恢復舊教爲事。其前后所生之女名 Mary 者，嫁荷蘭 Orange 公 William 第三。其時國人以爲一旦國王去世，則必以其女繼之，其女固新教徒也。不意新后忽舉一子，而王又急於恢復昔日之舊教，國人大恐。新教徒遂遣人赴荷蘭迎William。

一六八八年之革命及 William 第三之入英

一六八八年十一月，William 第三入英國，向倫敦而進，全國新教徒，一致贊助之。James 第二拒之，然軍士多不效命，而朝廷官吏，亦多懷二心。王不得已，遂遁入法國。國會議員及一部分公民，乃組織臨時會議。宣言 James 第二"因信舊教及僉佞之故，已違背國法而逃亡，故英國王位，現已虛缺云"。

權利法典

臨時會義又有《權利法典》(*The Bill of Rights*)之提議，後經國會之通過，遂爲英國憲法中之重要部分。法典中規定：國王不得停止或違背國家之大法；非經國會允許，不得徵稅及設常備軍；不得干涉國會中之言論自由；不得廢止《陪審官制度》；不得有逾分之罰金，及逾分之刑罰；不得阻止人民之請願。最後並宣布 William 與 Mary 爲國王，如其無子，則以 Mary 之妹 Anne 繼之。

光榮革命之結果

自國會宣布《權利法典》以後，一六八八年之"光榮革命"，乃告終止。英國王之權力，此後完全受國會及舊日習慣所限制。國會廢立君主之權，至此乃固。

不久國會又有《解決議案》(*Act of Settlement*)之通過。規定他日女王 Anne 去世，則以其表妹 Hanover 之 Sophia 或 Sophia 之嗣子入承英國之大統，蓋所以拒絕 James 第二之子之要求也。至一七一四年，女王 Anne 死。Sophia 之子 George 第一入英國爲王，爲 Hanover 朝開國之君主，其祚至今未絕。

　　《解決議案》

《解決議案》之內容，不但解決王位之承繼問題，並有限制君權之規定。其重要者，如司法官任期，定爲終身；如不稱職，唯國會可以免其職。故英國王此後并不能間接以干涉司法行政矣。

　　英人此後無君主擅權之慮

第七節　英國憲法之性質

英國憲法之發達，多根據於上節所述之各種議案。故英國之憲法，與現在文明各國之成文憲法不同；其條文始終無正式編訂之舉，實合各種議案中之精理及習慣而成。有種習慣，其源遠發於中古。蓋英國人具有遵重古習之特性，如今日英國法官，仍披白髮，即其一端。然一旦舊習已不可行，或爲革新之障礙時，即棄而不用，另造新例爲後人之指導。

　　英國憲法爲不成文法

英國憲法之變遷，往往出諸偶然。例如當 William 及 Mary 在位之初年，陸軍忽有兵變之舉。國會不願予君主以兵權以平定兵變，蓋恐兵權過大，又釀昔日 Stuart 朝諸君擁兵專制之禍也。故僅予國王以

　　兵變議案及陸軍議案

統兵六個月之權，不久國王統兵之權，延長至一年；至今陸軍議案仍須每年重提一次云。

行政費與皇室費預算案

英國國會之得勢，在於有監督國家財政之權。《權利法典》中已有非經國議允許不得徵稅之原理。國會將國家歲出，分爲二部。其一爲行政費（海、陸軍費在外）及皇室費，合稱曰 Civil List。其數目有定，無特別理由，不得變更。至於非常費則每年由國會分配之，其計算曰《預算案》。此種預算之方法，始於 Stuart 朝而大成於 William 第三時代。其結果則君主統兵之權，祇以一年爲限，而因分配歲出之故，每年不能不召集國會一次。

英王權力之薄弱

國會因有上述種種之進步，遂握有國內之大權。君主既無財政及軍隊之權，除否認議案及備國會之顧問外，形同木偶。而否認議案之權，則自一七〇七年後，已廢而不用。而且自 William 第三即位以後，知充國務大臣者，非從國會多數黨中選出，則預算案必不易於成立，故不得不從多數黨中選擇國務大臣。其時騎士黨因援助 Stuart 朝之故，已失國人之信仰。故 William 第三時代之國務大臣，皆命圓顱黨中人充之。此後兩黨之名，改稱爲保守黨（Tories）及進步黨（Whigs）。國務大臣之團體，合名之爲內閣（Cabinet），爲他日行政之中樞。

第二章　Louis 十四時代之法國

第一節　Louis 十四之地位及其性質

　　自宗教戰爭終了以後，法國王 Henry 第四，治國英明，故王權復固。其子 Louis 十三卽位，政府大權握諸 Richelieu 之手，一面壓制新教徒，一面摧殘國內之貴族，王權爲之益振。一六四三年 Louis 十三卒，其子 Louis 十四（自一六四三年至一七一五年）冲齡卽位。Cardinal Mazarin 當國，諸侯最後跋扈之舉，至是蕩平。 十七世紀初半期之法國

　　一六六一年，Mazarin 死。昔日負固不服之諸侯，至是皆變爲俯首帖耳之官吏。新教徒之人數，亦已大減，而無抵抗之力。且因干涉三十年戰爭之故，法國領土較昔增加，法國國勢亦較昔爲盛。 Mazarin 與 Richelieu 之功業

　　Louis 十四實能賡續先人之事業而益光大之。組織中央集權之政府，至大革命時方廢。Versailles 之宮殿，華麗宏壯，爲歐洲之冠，見者無不驚嘆。王好大喜功，擾亂歐洲和平之局者，先後幾五十年。內有良臣，外有名將，歐洲諸國，莫不敬而畏之。 Louis 十四之政府

君權神授說　　　　　Louis 十四對於君權之觀念，與英國王 James 第一同。以爲君主受上帝之命，以臨其民，人民應以尊重上帝之心尊重君主。蓋服從君主，卽服從上帝。如君主賢明，人民安樂，此上帝之德也，人民應有以報之；如君主庸愚，人民困苦，此上帝之示懲也，人民應忍受之。無論君主之賢否，人民始終不得有限制君權及反抗君主之舉。

英法兩國人民對於專制　　君權神授之說，Louis 十四行之而成功，James
君主之態度　　　　第一行之而失敗。其原因有二：第一，英國人對於君主之專制，不如法國人之易與。而且英國有國會，有法庭，有種種權利之宣言，均足以限制君主之擅作威福。至於法國，既無《大憲章》，又無《權利法典》。其國會又無監督國家財政之力。而且國會開會又無定期。當 Louis 十四卽位時，法國之未開國會者，已垂四十有七年，此後尚須經過一百餘年，方有召集國會之舉云。第二，法國介於大國之間，如無強有力之中央政府，不足以資抵抗，故法國人對於君主，極具依賴之誠。蓋一旦政情紛糾，則強鄰卽將乘隙而入也。

法國人對於英國之觀念　　其時法國人之忠於王室者，均以英國爲革命之邦。英國人曾殺一王，逐一王；攻擊政府與宗教之書籍，通行無阻。凡此種種，在法國人心目中視之，無不驚駭。以爲英國人不尊重權力、習慣或宗教者也。總之，十七世紀末年英國所享之名譽正與十八世紀末年法國所享之名譽無異。

Louis 十四之性質　　　而且 Louis 十四之爲人，亦有勝於 James 第一之處。蓋其風姿俊美，態度幽嫻。與英國王之面目可憎，言語無味，眞有天淵之別。而且 Louis 十四有臨機應變之才，具料事如神之德。寡言笑，而勤於公務。

專制君主，本不易爲。一日萬機，應付甚苦。如 Frederick 及 Napoleon 諸人，無不早起晏眠，勤勞終日。Louis 十四雖有能臣多人，襄理國事，而大權在握，從無旁落之機。與其父在位時之太阿倒持者有別。嘗曰："爲人君者，如能盡其爲君之道，則知其位高，其名貴，而其事樂。"故法國王以勤勞政事著於世。

專制君主之勤勞

第二節　Louis十四之提倡美術及文學

Louis 十四之宮殿，其宏壯爲西部歐洲之冠，誠不愧爲王者之居。巴黎城外之 Versailles 宮，氣象尤爲雄壯。宮殿在前，名園在後。周圍爲城市，備官吏及商民居住之用。國內貧民雖多，而宮殿土木之費，竟達中國銀二萬萬元之鉅。宮殿中所有裝飾之華麗，至今見者尤讚歎不止。Versailles 爲法國政府之中樞者，先後凡百餘年之久。

Versailles 宮殿

國王宮殿旣華麗無倫，國內貴族，遂多離其舊堡而集於 Versailles 以得侍奉君主爲榮。凡國王之飲食起居，無不以貴族爲使役。蓋唯有接近君主，方可爲一己或親友謀其進身之道也。

Louis 十四宮中之生活

Colbert 之改革　　　　Louis 十四初年之改革事業，多係財政家 Colbert 之功，法國人至今受其賜。Colbert 深知當日官吏之貪污，逮其最著者，逼其繳還。一面關於國用，適用商民之簿記法。吏治既稍稍澄清，乃壹意於實業之提倡及舊業之改良，使法國之物品得以暢銷於國外。其意以爲一旦法國貨物暢銷於外，則外國之金銀，不難源源而入於法國，國與民將兩受其益。甚至織品之質地及顏色，亦有嚴密之規定。並將各種商會及公所，重行改組，以便政府之監督。

當時之文學及美術　　　然 Louis 十四之所以著名，在於文學及美術之提倡。Moliére 本優伶出身，以善編喜劇著於世。Corneille 所著之悲劇，以 The Cid 爲最佳。繼而起者，卽極有名之 Racine 也。Madame de Sévigne 之書札，實爲當日散文之模範。Saint-Simon 所著之實錄，能將法國王之弱點及官吏之詭詐，描摹盡致。

政府之提倡文學　　　其時法國王對於文人，多所資助，如年金卽其一端。法國自 Richelieu 當國時代，卽有中央學會（The French Academy）之創設。至 Colbert 秉政時益擴充之。中央學會尤注意於法國文字之改良，法國文之日趨優美，得力於中央學會者不少。卽在今日，國人尚以得充中央學會會員爲最大榮譽（會員人數僅四十名）。今日尚存之雜誌曰 *Journal des Savants* 者，專以提倡科學爲宗旨，卽創於此時。Colbert 並於巴黎建設天文臺。而皇家圖書館中之藏書，自一萬六千卷增至二百五十萬卷，至今各國學者，尚趨之若鶩焉。法國王及其大臣提倡之功，又烏可沒也！

　　唯關於政治上與宗教上問題之討論，則絕無自由之可言。當時書籍之流行者，多頌揚君主之著作，卑鄙不足道。故他日法國人着手傾覆專制政體時，反傾心於英國以爲模範焉。

第三節　Louis十四與四鄰之爭

　　法國王不但右文，亦且黷武。而其好大喜功之心，遠勝其修明內政之志。蓋其軍隊精良，軍官效命，久存思逞之心，而禍結兵連，卒召國庫空虛之禍。誠法國之大不幸也。

Louis 十四之武功

　　Louis 十四以前之君主，每無暇思及國土之擴充。蓋其時國內諸侯，時形跋扈，中央權力，鞏固需時；加以英國諸君，遙領法國之地，實偪處此，恢復爲難；而且新教紛起，內亂頻仍，平靖摧殘，費盡心力。至 Louis 十四時代，國內昇平，既無內顧之憂，遂生遠略之志。故抱有恢復古代法國"天然疆界"之雄心。所謂"天然疆界"者，卽東北之萊茵河、東南之 Jura 山及 Alps 山，及南方之地中海及 Pyrenees 山。Richelieu 曾以恢復天然疆界爲職志。Mazarin 當國時代，則東得 Savoy，南得 Nice。法國之國境已北達萊茵河，南及 Pyrenees 山矣。

Louis 十四思恢復法國之天然疆界

　　Louis 十四之后，爲西班牙王 Charles 第二之姊。法國王遂藉此要求西班牙之 Netherlands 爲其領

Louis 十四要求西班牙屬之 Netherlands

土。至一六六七年，法國王著文說明不但西班牙之屬地，應歸法國之治下，卽西班牙王國，亦有應與法國合併之理由。以爲今日之法國，卽昔日 Frank 種人所創帝國之舊壤；果爾，則 Netherlands 固明明法國之領土也。

Louis 十四入侵 Netherlands

一六六七年，法國王統兵入 Netherlands。遂征服其邊疆一帶地，再南向而克服 Franche-Comté。此地爲西班牙之領土，久爲法國王所垂涎者。法國王旣征服諸地，歐洲各國莫不爲之大震，而荷蘭尤甚；蓋一旦 Netherlands 南部入於法國之手，則荷蘭將與法國接壤，行有實逼處此之憂也。於是荷蘭、英國、瑞典三國組織三國同盟，以迫法國與西班牙媾和。其結果則法國佔有 Netherlands 邊疆一帶地，而以交還 Franche-Comté 於西班牙爲條件。

Louis 十四破壞三國同盟

其時荷蘭海軍旣足以抵抗英國之侵犯，一面又能阻止法國軍隊之進行，趾高氣揚，殊爲法國王所不喜。其意以爲蕞爾小邦，而敢開罪於大國，殊屬無理。加以荷蘭對於攻擊法國王之文人，多所庇袒，法國王益恨。故設計破壞三國同盟，與英國王 Charles 第二約合攻荷蘭。

Louis 十四侵入荷蘭

法國旣與英國媾和，驟佔 Lorraine 公國。一六七二年統兵十萬人渡萊茵河而征服荷蘭之南部。荷蘭亡國之禍，近在眉睫。幸其時 Orange 公 William 急命將海堤之閘，悉數開放，海水汎濫，法國軍隊遂不能北進。其時德國皇帝遣兵來襲法國王，英國亦中途離叛，法國王不得已與荷蘭和。

六年以後，和約告成。其重要條文爲荷蘭國土法國人不得侵佔，唯 Franche-Comté 既係法國王親征所得之地，應歸法國。此地法國與西班牙兩國相爭者，先後凡一百五十年，至是卒入附於法國。此後十年之間，雖無重大戰事，然法國王曾有佔據 Strassburg 城之舉。德國皇帝因其時土耳其人方圍攻 Vienna，自保不遑，故對於法國王之侵略，祇能提出抗議而已。

Nimwegen 和約

第四節　Louis十四與新教徒

Louis 十四之處置新教徒，極其不當，正與其國外戰爭同。蓋新教徒自喪失軍政諸權後，多從事於工商業，經濟極形充裕。其時法國人口共千五百萬人，信教者約百萬，爲國中最勤儉之民。然當日之舊教教士，仍日以排斥異端之說進諸政府。

Louis 十四卽位初年之新教徒

Louis 十四卽位之初，卽以虐待新教徒爲事。新教教堂之無端被燬者，時有所聞。兒童至七歲時，卽須宣布不信仰新教。政府並分遣軍隊駐於新教徒所在地以恫嚇之。

Louis 十四之摧殘政策

不久，諸臣以新教徒均因畏法而變其信仰之說進。王信之，乃下令廢止 Nantes 之令。此後信新教者以罪犯論，爲新教教士者處以死刑。舊教徒大悅，以爲法國宗教，從此統一矣。新教徒因此遁入

Nantes 令之廢止及其結果

英國、普魯士與美國者，不計其數。法國勤儉之民，從此逃亡殆盡矣。

Louis 十四在萊茵河宮伯領土之活動

　　萊茵河畔之宮伯領土爲新教徒之領土，法國王極思所以征服之。西部歐洲新教諸國以荷蘭爲領袖，羣起反抗。法國王不之顧，侵入宮伯領土大肆蹂躪。十年後乃媾和，遂一復戰前之舊，蓋是時法國王之雄心，已別有所屬也。

第五節　西班牙王位承繼戰爭

西班牙王位承繼問題

　　西班牙王 Charles 第二既無子女，又無兄弟，承繼問題，久爲西部歐洲各國所注意。其時法國王 Louis 十四之后及德國皇帝 Leopold 第一之后，均係西班牙王之妹，故法國王與德國皇帝同具瓜分西班牙王國之心。不意 Charles 第二於一七〇〇年去世時，遺囑以 Louis 十四之孫 Philip 入承西班牙之大統，唯以法國與西班牙兩國不得合併爲條件。

Philip 卽西班牙王位

　　西班牙王雖以王位遺諸法國王之孫，唯法國王承認與否，關係極大。假使法國王承認之，則法國之勢力遍及於歐洲之西南部及南、北兩美洲。其領土之廣，將遠駕昔日德國皇帝 Charles 第五之上。其時德國皇帝既不得染指，心本不甘；而荷蘭之 William 入卽英國王位以來，久懷猜忌。法國王私心自用，不顧後患之無窮，竟以國家爲孤注之一擲。故對於西

班牙駐法國大使宣言彼行且以王禮待 Philip 矣。同時
國內報紙，亦復以此後再無 Pyrenees 山爲言。

英國王 William 於一七〇一年組織大同盟
（Grand Alliance）以抵抗法國，同盟中以英國、荷蘭
及德國皇帝爲中堅。英國王雖不久去世，然英國大
將 Marlborough 公及奧大利將 Savoy 之 Eugene 均能
勇猛從事。此次戰爭範圍，較三十年戰爭尤廣，卽
北美洲之英國、法國殖民地，亦有互動干戈之舉。十
年之間，法國軍隊屢次失敗，不得已於一七一三年
媾和。

《Utrecht 和約》既成，歐洲之地圖，爲之大變。交
戰諸國，莫不得西班牙領土之一部分。Philip 第五仍
許其爲西班牙王，唯以西班牙與法國不得合併爲條
件。奧大利得西班牙領士之 Netherlands。荷蘭得形
勝之地數處，國防愈固。伊大利之西班牙領土，如
Milan 及 Naples 均入於奧大利。奧大利人之佔有其地
者，至一八六六年爲止。英國得法國在北美洲之 Nova
Scotia、Newfoundland 及 Hudson 灣一帶地。法國人
北美洲之領土，從此日蹙。英國之佔有 Gibraltar，亦
在此時。

國際法之發達，以 Louis 十四時代爲最。蓋因戰
事頻仍，盟約迭起，歐洲各國均感有國際規則之必
要也。例如使臣之權利，中立船隻之待遇，戰爭行
爲之規定，對待俘虜之方法等，均係重要問題，亟
待解決者也。

歐洲之有國際法，始於一六二五年 Grotius 所著

西班牙王位繼承之戰爭

《Utrecht 和約》

國際法之發達

Grotius 之國際公法

51

之《平時戰時國際法》。Grotius 及以後國際法學者之種種主張，雖不能永息戰爭，而各國和平商協之道，則因此增加不少。

Louis 十四之死

  Louis 十四死，傳其位於其曾孫 Louis 十五（一七一五年至一七七四年）。Louis 十五卽位時年僅五齡，國庫空虛，人民困苦。英國某旅行家曾言曰："吾知法國之貧民有售其牀而臥於藁上者；有售其壺罐及家具以滿足國稅徵收人者。"故 Voltaire 謂當 Louis 十四出喪之日，沿途人民不特不哀，反面現愉快之色云。法國軍隊之精良，曾爲歐洲之冠，至是亦復精神瓦解，遠非昔比矣。

第三章　露西亞（Russia）及普魯士（Prussia）之興起奧大利

第一節　露西亞之起源

至 Louis 十四時代止，所謂《歐洲史》者，大都以法國、英國、Netherlande、神聖羅馬帝國、西班牙及伊大利諸國爲限。二百年來，歐洲有新國二：一爲普魯士，一爲露西亞，在歐洲及世界上均佔極重要之位置。歐洲大戰之發生，實發源於普魯士，而現代露西亞之多數人幾有傾覆全世界秩序之勢。故吾人不能不將吾人之注意，自歐洲西部移至歐洲東部。

歐洲二新國之興起及其重要

東部歐洲一帶地，雖大半爲 Slav 民族所佔，——如波蘭人、Bohemia 人、Bulgaria 人及露西亞人等——然在十八世紀以前，與西部歐洲無甚關係，故在歷史上之地位，不甚重要。至十八世紀初年，露西亞方參入西部歐洲之政局，漸爲世界強國之一。其疆域之廣，卽就在歐洲方面者而論，已碩大無朋，而歐洲之露西亞，實僅佔全國領土四分之一而已。

歐洲 Slav 民族及露西亞之領土

露西亞之立國，始於九世紀時之北蠻。相傳

露西亞之立國

Rurik 於八六二年統一 Novgorod 附近之 Slav 民族而成爲一國。繼其後者，大擴國土以抵於 Dnieper 河上之 Kiev 城。露西亞之名似自 "Rous" 一字而來，"Rous" 一字，爲芬蘭人對於北蠻之通稱。十世紀時，希臘派之基督教（即東正教）傳入露西亞。假使露西亞無外患之頻仍，則因與 Constantinople 交通之故，其文化或早已發達矣。

十三世紀時韃靼之入侵　　露西亞之地勢平坦，實爲亞洲北部平原之一部。故至十三世紀時，蒙古人有自東來犯之舉。蒙古之成吉思汗（一一六二年至一二二七年）既征服中國之北部及中央亞西亞，其子孫遂西向侵入露西亞。其時露西亞國中，小邦林立，無不遠仰蒙古人之鼻息。蒙古人祇求其入貢而已，對於露西亞之法律、宗教，初不問也。

蒙古入侵之影響　　蒙古汗對於露西亞諸王，獨寵 Moscow 之王子。迨蒙古勢衰，Moscow 諸王有殺死蒙古使臣之舉，時一四八○年也。自後，露西亞遂離蒙古而獨立。一五四七年，Ivan the Terrible 自稱皇帝。然因久附於蒙古之故，故露西亞之服制及王宮儀式，多仿自蒙古。

第二節　Peter the Great

Peter 大帝（一六七二年至一七二五年）　　自 Ivan 稱帝以後，露西亞之領土雖時有擴充，然至 Peter 即位時尚無通海之孔道。風俗習慣與亞洲

同，政府組織仿自蒙古。Peter 對於君主權力之宏大
雖無疑義，然深知本國之文化，遠不如西部歐洲諸
國之發達，而軍隊組織之不完備，又不足以抵抗西
部歐洲諸國而有餘。假使露西亞而無良港與海軍，則
將永無參預西部歐洲政局之希望。故 Peter 卽位之
始，卽以引入西部歐洲習俗及開通與西部歐洲交通
之孔道二事爲職志。

自一六九七年至一六九八年，Peter 親赴歐洲西部，遊歷德國、荷蘭、英國，以考察文學、美術及工藝爲目的。在 Saardam 地方船廠中工作者凡一週。經過英國、荷蘭、德國時，聘請美術家、文學家、建築家、輪船長、軍事家等，攜之回國。以備改革國政之用。

Peter 之游歷西歐

其時國內之貴族及教士因 Peter 力爭舊習，與禁衛軍合謀叛亂，Peter 聞之，急返國。舊黨人所最不喜者，卽若彼所謂"德國人之觀念"（German ideas），如短衣、吸煙、薙鬚等。國內教士，並謂 Peter 爲 "反對耶穌之人"（Antichrist）。Peter 怒，力平叛亂，相傳手刃舊黨人不少。

舊黨之抑服

Peter 在位，始終以改革爲事。禁止國人不得留長鬚、服長衣。凡上流女子設法使之與男子有社交之會，一反舊日男女隔絕之舊。凡西部歐洲人之入居露西亞者，無不加意保護，並許其信教自由。同時並遣國內青年前赴西部歐洲留學。並以新法改組其政府及軍隊。

改革計畫

又因舊都 Moscow 爲舊黨之中心，古來舊習，不

新都 St. Petersburg 之建設

易驟改，乃有建設新都之計畫。擇地於 Baltic 海上。建都曰 St. Petersburg，移國民及外人以實之。

瑞典王 Charles 十二之兵力

Peter 既抱護得海岸之野心，其勢不能不與瑞典起衝突。蓋介於露西亞及 Baltic 海間之領土，皆屬瑞典故也。其時瑞典王 Charles 十二以善於用兵著於世。當一六九七年即位時，年僅十五歲。四鄰諸國，以瑞典王冲齡易與，羣思一逞。故丹麥、波蘭及露西亞三國締結同盟以侵略瑞典之領土爲目的。不意瑞典王用兵神速，幾可與古代 Alexander 埒。轉瞬之間，攻克 Copenhagen，丹麥不得已而求和。乃東向露西亞以八千之衆而戰敗五萬之露西亞兵（一七〇〇年），不久波蘭亦爲瑞典所敗。

Charles 十二之失敗及其逝世

Charles 十二雖長於用兵，然短於治國。彼以波蘭爲三國同盟之禍首，故逐其國王而以新主代之。其時 Peter 征略 Baltic 海沿岸一帶地，瑞典王再率兵東向以拒之。長途跋涉，士卒勞頓，於 Pultowa 地方爲 Peter 所敗（一七〇九年）。瑞典王遁入土耳其，力勸其王北攻露西亞而不聽。數年後返國，卒於一七一八年陣亡。

露西亞獲得 Baltic 海沿岸一帶地及侵略黑海之計畫

瑞典王 Charles 十二死後數年，瑞典與露西亞遂締結條約。露西亞因之得 Baltic 海東岸 Livonia、Esthonia 及其他諸地。至於黑海方面，Peter 之志，殊不得逞。其始雖得 Azof，然不久復失。不過於裏海沿岸得佔數城而已。唯此後露西亞驅逐土耳其人之志，漸形顯著。

Peter 歿後之露西亞

Peter 死後三十年間，露西亞之君主多弱懦無能

之輩。至一七六三年女帝 Catherine 第二卽位，國勢
爲之復振。自此露西亞遂列於強國之林。

第三節　普魯士之勃興

Brandenburg 選侯國立國於北部歐洲者，蓋已數　　Hohenzollern 族
百年，初不意其有爲歐洲強國之一日。當十五世紀
初年，Brandenburg 之選侯無子，皇帝 Sigismund 乃
鬻其侯國於 Hohenzollern 族，卽他日德意志帝國之
皇室也。歷代相傳，英主輩出。一六一四年，選侯
受有萊茵河畔 Cleves 及 Mark 兩地，是爲擴充領土之
第一次。四年以後又得普魯士公國。普魯士公國其
始原係 Slav 種人所居地，當十三世紀時，爲德國騎
士團（Teutonic Order）所征服，德國人移居者漸多。然
其西部於十五世紀初年爲波蘭所奪。至十六世紀初
年（一五二五年），德國騎士團改信新教，並解散其
團體。乃建設普魯士公國，而舉其團長（Grand
Master）爲公，附屬於波蘭王。至十七世紀初年（一
六一八年），普魯士公國之 Hohenzollern 族絕嗣，其
領土遂入於 Brandenburg 選侯之手。

Brandenburg 選侯之領土雖大有增加，然當一六　　大選侯之領土
四〇年 Frederick William（世稱大選侯［Great Elec-
tor］）卽位時，國勢殊不甚振。蓋其領土雖多，形勢
散漫。軍隊力薄，又不足恃。加以貴族爭雄，時虞

跋扈。其領土以 Brandenburg 爲中堅。在極西者有萊茵河畔之 Mark 及 Cleves。在極東者有 Vistula 河東爲波蘭附庸之普魯士公國。

大選侯之性質　　然 Frederick William 頗具有統一國家之能力。生性粗魯而殘忍，行事尚詭詐。一心以擴充軍隊爲事。並解散地方議會，奪其權以予中央官吏。擴充領土，亦復不遺餘力。

大選侯之擴充領土　　大選侯意所欲爲之事業，無不大告成功。當三十年戰爭告終定 Westphalia 和約時，竟得 Minden 及 Halberstadt 二主教之領土及 Farther Pomerania 公國。同時並將普魯士公國脫離波蘭及帝國而獨立。

大選侯之改革事業　　大選侯深知鞏固王室之勢力端賴軍隊，故不惜盡其財力以擴充軍隊，人民反對不顧也。又改革政府，集其權於中央。不久與英國、荷蘭二國合力以抵抗法國王 Louis 十四，Brandenburg 兵力之強，乃著於世。

大選侯始創軍國主義之普魯士　　Brandenburg 大選侯 Frederick William 實創軍國主義之普魯士。普魯士歷朝君主，賢愚不一，而國土時有增加，卒統一德國諸邦而成爲世界強國之一。雄霸中部歐洲之基礎，實肇於此。

普魯士王國之建設（一七〇一年）　　一六八八年，大選侯死，傳其位於其子 Frederick 第三。其功業雖不如乃父之彪炳，然能變其公國爲王國，亦可見其能力之何如。此事成功之易，蓋因當日西部歐洲各國，方有合力攻擊法王 Louis 十四之舉，大有賴於 Frederick 之援助也。故一七〇〇年德國皇帝不得已承認其稱王權利。

58

第三章　露西亞（Russia）及普魯士（Prussia）之興起奧大利

至於 Frederick 第三不稱王於 Brandenburg，而稱王於普魯士，則因普魯士所在之地，不在帝國疆城之中，爲普魯士之王，可以離皇帝而獨立也。Frederick 第三改稱王，行加冕禮於普魯士都城 Konigsberg 地方，改稱號爲第一。

Brandenburg 選侯 Frederick 第三改稱普魯士王——Frederick 第一

新王國之第二君主爲 Frederick William 第一，卽他日大王之父也。性情粗野。壹意以訓練軍隊，修明內政爲事。治家治國，皆以嚴厲聞於世。

Frederick William 第一（一七一三年至一七四〇年）

Frederick William 第一自幼卽好馳馬試劍。尤好強勇之兵士，不惜出重資以招致之。自二萬七千人增至八萬四千人，幾可與法國、奧大利二國之軍隊相埒。凡軍官之黜陟，一以成績爲標準，杜絕奔競之路。常以訓練兵士爲樂，呼兵士曰“吾之青衣孩子”。

軍隊

Frederick William 第一不但長於治軍，亦且善於治國，雖大權獨攬而政治修明。加以節儉性成，國用大裕。裁汰宮內之冗員，拍賣內廷之珠玉；甚至鎔御用之金銀器具爲鑄幣之用。故當其子 Frederick 第二卽位時，不但軍隊精良，而且府庫充實。他日 Frederick 第二功業之盛，皆乃父之遺澤有以致之。

政治設施

第四節　Frederick大王之戰爭

一七四〇年春，Frederick 第二卽位。Frederick

Frederick 第二（一七四〇年至一七八六年）之卽位

第二幼時，好讀書，喜音樂，而不好武事，其父不喜也尤嗜法國文字。卽位之後，忽變其好文之習，而爲窮兵黷武之人。當 Frederick 第二卽位前數月，Hapsburg 族之皇帝 Charles 第六卒，無嗣，傳其位於其女 Maria Theresa。德國皇帝未死以前，西部歐洲諸國曾承認其遺囑曰 Pragmatic Sanction 者遺其領土於其女。不意女王卽位之始，四鄰諸國卽有躍躍欲試之意。Frederick 第二之野心尤著，其意蓋在 Brandenburg 東南之 Silesia 一地也。不久竟無端率兵入佔 Breslau 城。

奧大利王位承繼戰爭

普魯士旣有侵略 Maria Theresa 之領土之舉，法國亦尤而效之，聯合 Bavaria 以攻德國。帝國存亡正在千鈞一髮之秋，幸女王膽識兼全，人民忠於王室，卒敗法國人。然不得不割 Silesia 一地於普魯士以求其停戰。不久英國、荷蘭二國締結同盟以維持均勢之局，蓋二國均不願法國竟奪奧大利之 Netherlands 也。數年之後，諸國厭亂，遂於一七四八年媾和，以恢復戰前原狀爲目的。

Frederick 第二之提倡實業

唯 Frederick 第二仍佔有 Silesia 之地，普魯士之國土，因之增加三之一。戰事旣終，普魯士王乃專意於開闢草萊、提倡實業、編纂法典諸事。同時并提倡文學，敦請法國名人 Voltaire 來居於柏林。

七年戰爭

Maria Theresa 對於 Frederick 第二之強佔 Silesia，心殊不甘，思有以報復之，遂引起近世歐洲之極大戰爭。東自印度，西至美洲，無不干戈雲擾。此次戰爭（自一七五六年至一七六三年）之經過，另詳下章。茲所述者，關於普魯士王國者也。

Maria Theresa 所派駐法國之大使，手腕敏捷，竟能於一七五六年使二百年來與 Hapsbug 族爲仇之法國，與奧大利同盟以攻普魯士。露西亞、瑞典及 Saxony 三國亦有合力以攻普魯士之協議。就當日衆寡之形勢而論，普魯士之滅亡，幾可拭目以俟。

反抗普魯士之同盟

不意 Frederick 第二極善用兵，不特無亡國之憂，而且得"大王"之號。彼既洞悉敵人之目的，遂不待宣戰，長驅入佔 Saxony。再向 Bohemia 而進，中途被阻。然於一七五七年大敗法國與德國之軍隊於 Rossbach。一月以後，又敗奧大利軍於 Leuthen。瑞典及露西亞之軍隊，均聞風而退。

Frederick 第二之善於自守

是時英國正攻法國人，Frederick 第二遂得盡其力以戰其敵人。然彼雖以善於用兵著，幾罹身敗名裂之禍。幸其時露西亞初易新王，極慕 Frederick 第二之爲人，遂與普魯士和。Maria Theresa 不得已而停戰。不久英國與法國，亦復息兵，至一七六三年，締結《巴黎和約》。

Frederick 第二竟戰勝奧大利

第五節　波蘭之分割一七七二年—— 一七九三年及一七九五年

Frederick 第二雖得奧大利之領土，雄心未已。其王國之要區——Brandenburg，Silesia，Pomerania——

Frederick 第二之野心

與東普魯士之中間，介以屬於波蘭之西普魯士。Frederick 第二之垂涎此地，已非一日。加以是時波蘭之國勢衰弱不振，一旦外力入侵，卽無抵抗之能力也。

波蘭之人種及宗教

其時歐洲諸國，除露西亞外，以波蘭爲最大。莽莽平原，無險可守；人民稀少，種族混淆。波蘭人以外，有西普魯士之德國人、Lithuania 人，及在 Lithuania 之露西亞人及猶太人。波蘭人多奉舊教，德國人信新教，而露西亞人則奉希臘派之基督教。人種既雜，教派又多。國人感情，遂多暌隔。

政府組織之不完備

波蘭政制之不良，誠爲歷史中所罕見。四鄰諸國，莫不中央集權以資禦外，而波蘭則貴族跋扈，君主無權，對內對外，兩無實力。波蘭王不得國會之同意，不得宣戰、媾和、徵稅及立法。而國會議員類皆貴族之代表，凡百議案，非全體同意，卽不得通過。一人反對，卽無事可爲。此卽世上所傳之 Liberum Veto 是也。

王位係選舉制

至於君主，無世襲之權，一旦去世，則由貴族公選一外國人充之。每當選舉之秋，情形極其騷擾，四鄰諸國多以武力或金錢暗爭選舉上之勝利。

貴族及農民

國內貴族極多，數約百萬，而貧無立錐之地者半。故有"貴族之犬，雖踞於封土之中，而其尾可達鄰封之境"之笑談傳於世。國內政權實握諸少數富豪之手。除德國人所居諸城以外，絕無所謂中流社會。其在波蘭及 Lithuania 境內者，則工商諸業均操諸猶太人之手。然波蘭政府不承認猶太人爲國

民，常有虐待之舉。至於農民之狀況，困苦異常。已
由佃奴降爲奴隸，生殺之權，操諸地主矣。

波蘭國內之政情，既如此不良，而露西亞、普
魯士、奧大利三強環伺，又皆抱欲得而甘心之志。其
亡國之禍，固不待識者而知其近在眉睫也。露西亞、
普魯士、奧大利三國早已屢屢干涉其內政，曾阻其
憲政上之改良，蓋若輩固不願波蘭之重振也。當七
年戰爭告終時，波蘭王 Augustus 第三死，Frederick
第二遂與女帝 Catherine 第二協議以女帝之寵臣
Poniatowski 入承王位，稱 Stanislas 第二。

> Catherine 第二與
> Frederick 第二之協商
> （一七六四年）

Stanislas 第二既卽位，頗專意於改革，露西亞大
失望。波蘭王並有廢止國會議員否決權（Liberum
Veto）之意。露西亞得普魯士之同意盡力干涉之，以
不得廢止爲要求之條件。自此以後，內亂迭起，露
西亞常播弄其間。

> Stanislas 之改革

奧大利與波蘭接壤，對於波蘭之國情，關懷甚
切。乃商之普魯士，協議如露西亞允退出自土耳其
奪來之領土，則分割波蘭之舉，當三國共之。奧大
利應得波蘭之一部分，西普魯士則歸諸 Frederick
第二。

> 奧大利贊成分割波蘭

一七七二年，三國遂實行分割之舉。奧大利所
得之領土，內有波蘭人及露西亞人三百萬。奧大利
人種語言，本已複雜，至此益甚。普魯士得西普魯
士之地，居民多信奉新教之德國人。露西亞得波蘭
東部露西亞人所居之地。迨露西亞軍隊直逼其都城
Warsaw，波蘭國會不得已而承認其分割。

> 第一次分割（一七七二
> 年）

波蘭之中興（一七七二年至一七九一年）

　　波蘭自第一次爲強鄰分割後，國人頗有所驚惕。此後二十年間（自一七七二年至一七九一年）教育、文學、美術等，無不具有中興之氣象。Vilna 及 Cracow 兩地之大學，力加刷新，而國立學校之新設者亦復不少。波蘭王 Stanislas Poniatowski 廣聘法國及伊大利之美術家多人赴波蘭以資提倡。同時並與法國哲學家及革新派名人書札往還，徵求意見。史家、詩家，人才輩出，足爲波蘭王國末造之光。宗教專制，漸形減銷。廢止憲法，以新者代之。

一七九一年之新憲法

　　新憲法宣布於一七九一年五月三日。廢議員否認制；王位定爲世襲；設國會，其性質略與英國國會同——卽君權有限，使君主及國務大臣對於國會負責任是也。

Catherine 第二之破壞革新事業

　　其時國人中頗有反對革新事業者，誠恐一旦佃奴釋放，則地主之權行且掃地以盡也。乃求援於 Catherine 第二，Catherine 第二大喜，宣言“波蘭之共和政制，行之已數百年而無弊”，今反更張，實爲謬舉。又謂波蘭之改革家實與法國當日之 Jacobin 黨人無異，其意無非在剝奪君權耳。遂派軍隊入侵波蘭，廢新憲法，恢復“議員否認”之制。

第二次分割（一七九三年）

　　露西亞既阻止波蘭之改良，再與普魯士商議第二次分割之舉。是時普魯士王爲 Frederick William 第二，率兵東入波蘭。其理由以爲 Danzig 城實有接濟法國革命黨餉糈之嫌，而波蘭又有暗助 Jacobin 黨人之意；而且波蘭之行動，實足以擾亂歐洲之和平。遂佔波蘭領土，得有波蘭人口五十萬之衆，並佔

Thorn，Danzig 及 Posen 三鎮。露西亞得人口三百萬。奧大利則因露西亞及普魯士有允其代向波蘭商議以其領土 Netherlands 交換波蘭之 Bavaria，故不與此次分割之事。

是時，有波蘭志士名 Kosciusko 者，曾與美國獨立戰爭之役，暗中布置革命之舉，於一七九四年春間起事。普魯士之波蘭人起而響應之。Frederick William 第二之軍隊，不得已而退出。

Kosciusko 之叛（一七九四年）

Catherine 第二聞之，遣兵入波蘭。大敗其國中之叛黨，Kosciusko 被擒。是年冬，Warsaw 陷。波蘭王退位，露西亞遂與普魯士及奧大利分割波蘭殘餘之國土。露西亞得 Lithuania 公國之大部，其面積倍於普魯士及奧大利兩國所得之總數。波蘭遂亡，時一七九五年也。然波蘭人之民族精神，至今不滅，故一九一四年歐洲大戰以後世界上又有波蘭共和國之復現云。

第三次分割（一七九五年）

第六節　奧大利Maria Theresa及 Joseph第二

當普魯士 Hohenzollern 族擴充勢力於北部德國之日，正奧大利 Hapsburg 族統一領土而成大國之秋。昔日德國皇帝 Charles 第五卽位之初，曾讓其奧大利領土於其弟 Ferdinand 第一。Ferdinand 第一因娶

奧大利之 Hapsburg 族

后而得 Bohemia 及匈牙利兩王國，奧大利之領土，因之增加不少。然其時匈牙利王國之大部分，均入於土耳其人之手，故十七世紀末造以前，奧大利之王室，專意於抵抗土耳其人。

土耳其人之武功

十四世紀初年，亞洲西部有土耳其人種。自東而西，征服小亞西亞一帶地。其酋長名 Othman（一三二六年死），故歐洲人名其族曰 Ottoman 土耳其人，所以別於"十字軍"時代之 Seljuk 土耳其人也。長於戰鬥，兵力極盛；亞洲領土，日有擴充。一方並侵入非洲北部一帶。在一三五三年時，已在東部歐洲方面得一根據地，征服 Macedonia 地方之 Slav 族，而佔據 Constantinople 附近之地，唯至百年以後，方陷落之。

歐洲諸國之抵禦

土耳其人既有侵略歐洲之舉，歐洲諸國大恐。Venice 及德國之 Hapsburg 族，首當其衝，負有防禦之責。此後相恃不下者，幾二百年。一六八三年，土耳其人率兵圍奧大利都城 Vienna，幾陷之。幸波蘭王率兵入援，土耳其人方率兵去。自此以後，土耳其人之勢力，日就衰微，奧大利遂恢復匈牙利及 Transylvania 諸地，一六九九年得土耳其王之承認。

Maria Theresa 在位時代

Frederick 第二既奪奧大利 Silesia 之地，Maria Theresa 引為大辱，蓋其地人民多係德國種，一旦失去，王族之威權，為之大損也。他日分割波蘭，所得足以償其所失而有餘，然波蘭人種，本屬異族，一旦入附，民族益雜。Hapsburg 族領土之中，有居於奧大利之德國人、Bohemia 及 Moravia 之 Czech 種人、

匈牙利之 Magyar 種人及 Roumania 人、Galicia 之波蘭
人、南部之 Croat 種人及 Slovene 種人、Milan 及 Tuscany
之伊大利人、Netherlands 之 Flemish 種人及 Walloon
種人等。

　　Marai Theresa 善於治國，以勤勞國事著於世，在　　Joseph 第二
位凡四十年而卒。其子 Joseph 第二已被選爲德國皇
帝，在位十年（一七八〇年至一七九〇年），力行改
革。終以阻力過巨，故 Hapsburg 族之領土，始終無
統一之機。十八世紀以來，英國、法國諸國之民族
觀念極盛，而奧大利則因人種複雜之故，不但無民
族精神之可言，而且常有四分五裂之危險。加以四
鄰強國，多與奧大利國內之人民同種，故時有外力
入侵之虞。一九一四年歐洲大戰之近因，卽源於奧
大利與其鄰國 Servia 之紛爭。故吾人欲了然於今日
歐洲之大問題，非先明瞭奧大利國史不可。

第四章　英國、法國在印度及北美洲之爭

第一節　歐洲之擴充世界商業

歐洲與殖民地之關係　　二百年來，歐洲諸國時有戰爭，其目的多在擴充海外殖民地。如西班牙王位承繼之戰，爲王位者半，爲商業者亦半。各國內政亦莫不大受遠居海外之商民及兵士之影響。英國諸城——如 Leeds，Manchester 及 Birmingham——工業甚盛，而有賴於印度、中國及澳洲。假使商業範圍以歐洲諸國爲限則 Liverpool，Amsterdam 及 Hamburg 諸城之商業，斷無如此之繁盛。

歐洲各國殖民地之廣大　　歐洲面積雖僅佔世界陸地十二分之一，然世界陸地之屬於歐洲人者竟佔五分之三而有餘。法國在亞洲、非洲之領土，其面積較歐洲全部爲大。荷蘭壤地褊小，而其殖民地之面積竟三倍於德意志帝國。英國領土佔世界陸地五分之一，幾百倍其母邦之三島。其他南北兩美洲，莫不爲歐洲人所有。

本章所述者，歐洲殖民事業之由來，英國人戰

勝在印度及在北美洲法國人之經過。讀者明乎此，而
後七年戰爭之意義方明。

　　歐洲史之範圍，自古以來，愈近愈廣。希臘人
及羅馬人雖有與印度、中國交通之跡，然上古世界
之範圍，仍以亞洲西部、歐洲南部與非洲北部爲
限，此外知者甚鮮。中古時代，民智益趨閉塞。唯
對於東方之興味，仍甚濃厚也。

　　當十五世紀末年及十六世紀初年，葡萄牙人及
西班牙人頗從事於海上之探險，卒有發見新大陸及
印度航路之事。葡萄牙自一四九八年 Vasco da Gama
直達印度後，卽建設商埠於印度沿岸。不久又設商
埠於南美洲之巴西。其時西班牙亦佔墨西哥、西印
度及南美洲大部之地方爲己有。未幾荷蘭繼起，而
爲葡萄牙、西班牙二國商業之勁敵。當西班牙王
Philip 第二合併葡萄牙時代（自一五八〇年至一六四
〇年），禁荷蘭商船不得入 Lisbon。荷蘭人遂奪印度
諸商埠及香料羣島於葡萄牙人之手，同時並佔 Java
及 Sumatra 諸大島。

　　英國、法國兩國，自十七世紀初期以來，卽殖
民於北美洲，互相對壘，已非一日。英國在北美洲
之殖民地，以一六〇七年 Virginia 之 Jamestown 爲最
古。自後新英倫諸州，Maryland，Pennsylvania 諸地，相
繼而起。其時英國新教之異派教徒——清眞教徒、
天主教徒及朋友會教徒——之逃亡者，多赴北美
洲。同時亦有爲謀生而前往者，則多販賣黑奴，從
事工作。

上古中古時代之世界

十六十七兩世紀葡西荷
三國之殖民政策

英法兩國在北美之殖民
地

第二節　英國與法國互爭殖民地

法國之北美殖民地　　　　當英國殖民於北美洲之時，法國亦有建設殖民
地於 Nova Scotia 及 Quebec 兩地之舉。法國人佔據
加拿大（Canada），英國人雖無阻止之跡，然進行甚
緩。一六七三年，法國耶穌社傳道教士名 Marquette
者及商民 Joliet 二人曾探 Mississippi 河之一部分。不
久 La Salle 順流而下，名其地曰 Louisiana。一七一
八年法國人建城於河口曰新 Orleans，自此北至 Mont-
real，均築有堡壘以資防守。

英法兩國之對峙　　　　英國自締結 Utrecht 條約以後，得法國屬地
Newfoundland，Nova Scotia 及 Hudson 灣兩岸地，其
勢力已達於北美洲之北部。當七年戰爭之初，英國
人之在北美洲者已達百萬以上，而法國人尚不及十
萬。然當時法國爲西部歐洲最強之國，識者固不料
其有喪失北美洲領土之事也。

印度之面積　　　　英國、法國所爭者，并不僅限於五十萬紅人所
居之北美洲。當十八世紀初年，英國與法國均已得
有根據地於印度。印度爲文明古國之一，當時人口
約有二百兆。

印度之蒙古諸帝　　　　Vasco da Gama 直抵印度以後三十年，蒙古人名
Baber 者，自以爲帖木耳之後，入據印度帝國。國祚
相傳幾達二百年之久。一七〇七年蒙古皇帝

Aurangzeb 死，帝國瓦解。國內諸侯（rajah）及帝國官吏（Subahdars 及 Nawabs）無不分疆而治，形同獨立。雖蒙古皇帝尚居於 Delhi，然自十八世紀初年以後，徒擁虛名而已。

十七世紀初年，英國人設東印度公司於印度，以謀商業之發展。當英國王 Charles 第一在位時代，東印度公司購得一村落於印度之東南岸（一六三九年），卽他日有名之 Madras 商埠也。同時於 Bengal 地方并建設商埠數處。不久並築 Calcutta 城。其時 Bombay 已屬於英國。印度之蒙古皇帝對於少數外人之入居其國，漠不關心。迨十七世紀末年，東印度公司時有與印度諸王戰爭之舉，方知外人爲數雖少，固有自存之道也。

英法兩國在印度之殖民地

爲英國人之勁敵者，不僅印度人而已，而且有歐洲之強國。蓋法國亦設有東印度公司者也。自十八世紀以來，卽以 Pondicherry 爲根據地。此地人口六萬人，歐洲人僅二百而已。是時葡萄牙與荷蘭二國人在印度之勢力，已日就衰微；而蒙古皇帝，又復無能爲力；故爭持不下者，僅英國、法國兩國人及印度諸王而已。

歐洲七年戰爭將啟之前，英國與法國有爭雄於北美洲及印度兩地之舉。其在北美洲則自一七五四年後，英國與法國殖民地間已啟爭端。英國政府遣 Braddock 赴北美洲，意在佔據法國人在 Ohio 河流域之根據地 Fort Duquesne。英國大將不審邊地之形勢，爲法國人所敗而死。其時法國因與奧大利同

英人之獨霸北美

盟，方有事於普魯士，無暇顧及北美洲之領土。英
國之內閣總理 William Pitt 又係著名之政治家。一面
援助普魯士，一面援助北美洲之英國人。於一七五
八年至一七五九年間，佔據法國人在 Ticonderoga 及
Niagara 諸地所築之礮壘。同時英國大將 Wolfe 攻克
Quebec 城，次年加拿大地方全入於英國人之手。當
Quebec 陷落時，英國人並三敗法國海軍於海上云。

Dupleix 與 Clive 在印度之爭持

當奧大利王位承繼戰爭之日，英國人與法國人
之在印度者，已有戰爭。是時 Pondicherry 之法國總
督爲 Dupleix，善用兵，頗思逐英國人於印度之外。印
度諸王中有屬舊日印度種者，有屬蒙古種者，時起
紛爭，法國人遂得以坐收漁人之利。Dupleix 所統之
法國軍，爲數本少，乃募印度土人充之，加以西法
之訓練，此策遂爲英國人所仿。

Clive 戰勝 Dupleix

其時英國東印度公司中有書記名 Clive 者，知兵
善戰，不亞法國之 Dupleix。是時年僅二十五歲，募
大隊土人而訓練之，遂成勁旅。其時歐洲雖已有
Aix-la-Chapelle 之和約，Dupleix 仍繼續在印度與英
國人戰。Clive 之戰略，遠勝於 Dupleix。二年之間，英
國人勢力已彌漫印度之南部。

英人獨霸印度

當歐洲七年戰爭開始之時，印度 Bengal 地方之
總督（Nawab），忽藉沒居在 Calcutta 英國商民之財
產，並監禁英國人一百四十五於一室，一日之間，悶
死大半。Clive 聞之，急率英國兵九百人印度兵一千
五百人往 Bengal，於一七五七年大敗印度總督五萬
人於 Plassey。遂易新督以代之。七年戰爭未終，英

國人已奪得法國人之 Pondicherry。法國人在 Madras
一帶之勢力，至此乃消滅垂盡。

一七六三年，七年戰爭告終，英國所得之領土 七年戰爭時英國所得之
最多。其在地中海，則 Gibraltar 與在 Minorca 島上 領土
之 Port Mahon 兩險要，均入英國人之手。至於北美
洲則法國領土加拿大、Nova Scotia 及西印度羣島中
之法國所領諸島，亦均割讓於英國。同時法國並割
讓 Mississippi 河以西之地於西班牙。法國人在北美
洲之領土，至是喪盡。其在印度，法國人雖恢復其
領土，然其聲威之著，遠不逮英國人矣。

十八世紀之英國史爲世界帝國建設史，正如十 大英帝國及工業革命
七世紀英國史爲專制政體衰替史。同時國內並有種
種機器之發明引起工業之革命，其結果則十九世紀
之英國，富強之象，甲於世界。至於工業革命之情
形，後再詳述。

第三節　北美洲英國殖民地之叛

英國方得加拿大於法國人之手，不久在北美洲 英國對待殖民地之放任
之英國殖民地忽有叛而獨立之舉。先是英國政府之
待北美洲殖民地，本取寬大放任之政策，故北美洲
之英國殖民地，遠較法國與西班牙兩國殖民地爲自
由。Virginia 於一六一九年卽有地方自治
會，Massachusetts 一地亦與共和國無異。殖民地之
憲法日漸發達，爲他日獨立時憲法之根據。當十七

世紀時，英國內有國會與君主之爭權，外有 Louis 十四所激起之戰事。自 Utrecht 和議後二十年間，Walpole 當國，對於北美洲殖民地，極其放任。殆七年戰爭告終時，北美洲殖民地之英國人數達二百萬以上。殖民地既日形富庶，生活又極其自由，加以戰勝法國人，自信之心益固，故不願受母國之干涉。

英國徵稅於北美殖民地 當英國與法國戰爭之時，英國政府方曉然於北美洲殖民地之財力甚爲雄厚，遂決令其負一部分之戰費及常備軍費。故於一七六五年國會通過《印花稅案》，強北美洲殖民地以實行。殖民地人民以爲英國與法國戰爭之軍費負擔已重，而且國會中既無殖民地之代表，卽無徵稅於殖民地之權。北美洲各殖民地之代表遂於一七六五年集會於紐約城，議決反對《印花稅案》。

航業法律 其時北美洲殖民地人所不滿者，尤有甚於《印花稅案》者在，卽各種《航業法律》是也。當 Cromwell 及 Charles 第二時代所定之航律，其目的原在荷蘭。規定凡外貨必經由英國商船，方得輸入英國及其殖民地。故一旦北美洲殖民地購買外貨，非由英國商船運輸者卽爲違法。而且又規定凡歐洲各國之出產，必經過英國與英國商船之運輸，方得銷售於英國之殖民地，假使殖民地人欲輸出其產品於他國，亦非經由英國商船運輸不可。

貿易法律 較上述《航業法律》尤爲難堪者，則英國政府規定凡北美洲殖民地所產之糖、煙草、棉花及靛

青，僅能銷售於英國是也。其他物品，有禁其輸出
者，並有禁其出產者。如北美洲雖產皮，而殖民地
不得輸出皮帽於英國或他國。又北美洲鐵礦甚富，而
一七五〇年之法律，則禁止殖民地不得建設鍊鋼
廠，蓋恐有害英國之鋼業也。其時殖民地之木材及
食品多與西印度諸島之糖相交換，而英國政府並禁
其不得輸入西印度所產之糖。

　　上述種種法律之不便於殖民地顯而易見，殖民
地人遂往往實行私運，以謀重利。煙草、蔗糠、麻、
棉、布諸業，異常發達。鋼鐵製造物，亦復日有進
步。工業既日形發達，則反抗英國之干涉，固意計
中事矣。

北美殖民地人之違法

　　英國政府不得已取消殖民地之印花稅。唯英國
王大不謂然，故於次年有徵收殖民地玻璃、紙、茶
等稅之舉。同時並設專司以監督航業貿易諸法之施
行。英國國會不得已取消各種稅法，僅徵收茶稅
而已。

英國取消各種稅法

　　一七七三年，北美洲殖民地人有反抗茶稅之
舉，其時 Boston 城有某青年暗登茶船，擲茶葉於海
中。殖民地與母國之惡感益甚。英國下院名議員
Burke 主張取放任政策，然英國王 George 第三及國
會均主以嚴厲手段對付之。以爲此次反抗之舉，以
新英倫諸州爲中堅，不難指日平靖也。一七七四
年，國會通過議案數起，禁止 Boston 不得輸出或輸
入物品。並剝奪 Massachusetts 殖民地選舉法官及該
地上院議員之權利，改由英國王任命之。

殖民地人之反抗

大陸會議　　　　　　　此種政策，不特不足以平 Massachusetts 之反抗，而且引起其他殖民地之恐慌。各殖民地遂於一七七四年遣代表開大會於 Philadelphia 籌商對付之策。結果議決英國對於殖民地所施虐政未除以前，與母國之貿易暫行中止。次年殖民地軍隊與英國軍隊戰於 Lexington 及 Bunker Hill 兩地。第二次大陸會議決議預備與英國宣戰，以 Washington 爲軍統。至是北美洲殖民地尚無脫離英國之意。嗣因調和無望，遂

宣布獨立　　　　　　於一七七六年七月四日，宣布獨立。

北美合衆國求援於法國　　法國對於英國北美洲殖民地之獨立，異常注意。蓋自七年戰爭以後，法國喪地太多，一旦世仇有故，當然引以爲快也。北美洲合衆國知其然也，故遣 Benjamin Franklin 赴法國求援於法國王 Louis 十六。法國政府因未悉合衆國之實力如何，不敢遽允。迨一七七八年合衆國之軍隊敗英國大將 Burgoyne 於 Saratoga，方與合衆國締結條約而承認其獨立。其時法國人之赴北美洲助戰者頗不乏人，著名之 Lafayette，卽其一也。

合衆國之成立　　　　　是時殖民地之軍隊，雖有 Washington 爲統軍之人，然仍屢次敗績。一七八一年，幸得法國海軍之援助，迫駐在 Yorktown 之英國大將 Carnwallis 降。英國至是承認北美洲合衆國之獨立。其領土東自大西洋岸，西至 Mississippi 河。河西 Louisiana 及南部 Florida 諸地，尚屬西班牙也。

美國獨立爲新大陸解放之始　　美國獨立三十年以後，西班牙及葡萄牙兩國在新大陸之領土，亦相繼獨立。歐洲人之領土，僅存

加拿大一區而已。西班牙之領土 Cuba 島，至一八九
八年，方得美國之援助而獨立云。

　　自《Utrecht 和約》後至法國革命時，七十年間，歐
洲時有戰事。其結果則歐洲東北有露西亞及普魯士
之興起。普魯士之領土大有擴充。至十九世紀時，普
魯士、奧大利兩國互爭雄長，前者卒代後者起而建
設德意志帝國。

《Utrecht 和約》後歐洲
所得戰爭之結果

　　土耳其之勢既衰，奧大利及露西亞遂乘機而
起。乃成爲歐洲諸國間一大問題，卽十九世紀以來
所謂"東方問題"是也。假使奧大利與露西亞兩國
之領土，日益增加，則歐洲諸國間均勢之局必破，而
爲英國人所不喜。故自是而後，土耳其入居於平等
國之列，西部歐洲各國甚有願與聯盟以資抵制者矣。

東方問題之起源

　　英國失策，失去北美洲中部之殖民地。然仍領
有北美洲北部之加拿大。至十九世紀時，並得澳
洲。至於印度，則因競爭無人，其勢力漸普及於 Hima-
laya 山南矣。

英國之領土

　　當 Louis 十五在位時代，國力衰微，大非昔比。一
七六六年得 Lorraine，一七六八年得 Corsica 島，次
年 Napoleon 生於島中 Ajaccio 城，卽他日雄霸歐洲
之法國皇帝也。十九世紀初年，法國已由王政一變
而爲民主，干戈所向，到處披靡。吾人欲明法國革
命及 Napoleon 戰爭之影響如何，不能不先述法國革
命之所由起。

Louis 十五（一七一五年
至一七七四年）

第二卷
十八世紀之狀況及改革

第五章　歐洲之舊制
（Old Regime）

第一節　鄉間之生活——佃奴制度

十八世紀西歐鄉農之狀況

　　十八世紀初年歐洲鄉農之狀況，與十一世紀時初無稍異。雖自十二世紀以來，西部歐洲佃奴制度日就消滅，然各國之遲早初不一致。其在法國，則自十四世紀以後，佃奴之制已廢，而英國之廢止佃奴，則尚在百年以後。其他普魯士、奧大利、波蘭、露西亞、伊大利、西班牙諸國，十八世紀時之鄉農狀況，與昔無異。

十八世紀時法國之采邑制度

　　卽在法國，當十八世紀時，亦尚有采邑制度之遺跡。農民身體雖已不固定於采邑，而有購售土地、婚姻、身體諸自由。然地主對於佃奴，仍可強其舂米於地主之臼，烘麵包於地主之爐，壓葡萄酒於地主之榨。過橋有稅，渡河有稅，卽驅羊而過地主之居亦有稅。而且因有種種限制之故，爲農民者往往終身耕種一片地，無脫離之望。一年所獲，須納其一部於地主。一旦售其地於他人，則須將得價之一部，交諸地主。

至於英國，則當十八世紀時佃奴制度已完全消　　英國之采邑制度
滅。對於地主之徭役，早已代以金錢，故佃奴一變
而爲佃戶。唯地主仍爲排難解紛之人，佃戶亦仍行
尊重地主之禮。一旦佃戶有冒犯地主之舉，則地主
仍有懲罰之權也。

在歐洲中南東各部，佃奴狀況與中古時代無　　其他歐洲諸國之佃奴狀
異。其身體終身聯屬於采邑，對於地主應盡之義　　況
務，亦復與千年前相同。所有器具，異常粗陋，自
造者多。英國農民所用之木犂，其形式與古代羅馬
人所用者無異。割麥以鐵，刈稻以鐮，大車之輪，仍
用木材。

歐洲各部農民之居室雖不相同，然大致皆係狹　　農民居室之卑陋
小而黑暗之茅舍。牛豕之類與人同居，臭穢可想。飲
水旣污，洩水無溝。所幸農家男婦終日力田，家居
之爲時甚短耳。

十八世紀之鄉間生活，絕無興趣之可言。農民　　鄉間生活之乏趣
除采邑外，絕無所知；縱有報紙，亦不能讀。當日
英國之農民識字者五千人中尚不及一人。至於法
國，則雖徵收田賦之官吏，亦無編製報告之能力。東
部歐洲諸地之農民，其狀況尤惡。匈牙利之農民於
一週之中服務於地主者四日，爲地主而漁獵者二
日，幾無力田之餘暇云。

第二節　城市及各業公所

十八世紀之城市與中古
無異

　　十八世紀城市之狀況，亦與中古時代相同。街
衢狹小而屈曲，入夜卽昏暗異常。地鋪圓石，穢氣
薰蒸，與今日歐洲城市之宏大美麗，眞有天淵之
別矣。

倫敦

　　當一七六〇年，倫敦城之人口約五十萬，僅佔
今日倫敦人數十分一。城市交通，旣無所謂電車，更
無所謂汽車。僅有數百輛馬車及肩輿二種而已。入
夜之後，雖有更夫攜籠燈巡行守夜，然盜賊四伏，夜
出者咸有戒心，多攜武器以自衞。

巴黎

　　當日法國京城巴黎較倫敦爲大。城中警察制
度，遠較倫敦爲完備，故盜賊之患絕少。公園大道，已
具規模。然就全城而論，則街道狹小者仍居多數。雖
有地溝可資洩水，然一旦大雨，則滿街積水，汎濫
難行。水退污留，河水混濁，居民飲料，且取資於
是焉。

德國諸城

　　德國諸城人口稀少，故其範圍多不出中古牆城
之外。雖城中建築亦頗有宏大者，然其景況荒涼，遠
非昔比。柏林人口僅有二十萬，Vienna 稍多。Vienna
爲今日世界上最美城市之一，在當日城中清道夫役
僅自三十人至百人，並以每夜均點路燈自誇云。蓋
當時其他各城之路燈，僅於冬季無月光時，方一放

光明耳。

至於伊大利，除 Venice 外，其他著名各城——　　伊大利諸城
Milan、Genoa、Florence、羅馬——雖以有宏大美麗
之建築著於世，然其街道之狹陋，亦正不亞其他諸
城也。

十八世紀歐洲城市中既無大工廠，又無大商　　工商業之規模狹小
舖。除倫敦、Antwerp 及 Amsterdam 諸城，因有殖民
地之商業尚形繁盛外，其他諸城之工商業，規模狹
小，與中古同。

其時商鋪之售品，多係自製而成。各種同業——　　同業公所
如裁縫、製鞋、麵包、製皮、釘書、剪髮、製燭、
造刀、做帽、紙花、製假髮等——無不有一種同業
公所之組織，以限制他業中人不得製造本業物品爲
目的。店主之人數及商店之學徒，多寡均有一定。學
徒學習爲期甚長，甚有七年或九年者。其理由以爲
學精一業，斷非旦夕所可能。實則同業公所不願店
主人數之增加，故對於學徒特加限制耳。學習之期
既屆，學徒遂得升充工匠。然假使無有勢朋友之援
引，則終身無充當店主自設商鋪之望也。

同業公所之制始於中古，故至十八世紀時，相　　英國之同業公所
沿已有數百年。英國學徒學習之期，普通定爲七
年。Sheffield 地方之刀匠，同時不得收二徒；Norfolk
及 Norwich 二地之織工，每人以二學徒爲限；全國
帽工之學徒人數亦然。

法國同業公所之勢力，較英國尤巨。蓋自 Colbert　　法德兩國之同業公所
當國以後。政府往往加以援助，以冀國貨之改良而

83

得暢銷於外國也。德國同業公所之組織，較英國與法國尤爲嚴密而普遍。舊日之規定，猶是風行。大抵店主之學徒以一人爲限，商鋪以一處爲限，所售物品以自造者爲限。

各業公所之紛爭

爲工人者，終身一業，不得變更；假使製鞋而不遵舊式，或做麵包者而代人烤肉，則逐之於同業公所之外。巴黎有帽匠以絲和毛製成美觀之帽，暢銷獲利，同業公所中人以其毛中和絲，有違成法，遂燬其存貨以示懲。凡未經同業公所允准者，不得開設商鋪。同時各業之間亦時有紛爭之事。如金匠與製錶匠，養花匠與紙花匠，每起範圍不明之爭執。製麵包者不得製糕，補破衣者不得新製。凡此種種，不但難以實行，亦且有礙工業。

同業公所與今代職業同盟之不同

同業公所與今代職業同盟實不相同。第一，同業公所之會員，以工頭店主爲限。學徒工人對於公所之政策，絕無過問之權。第二，公所中之議決案，賴官力以實行。假使工人而違背定章，則監禁、罰金諸事，均由政府負執行之責。第三，公所中人之職業，規模狹小，與中古同。

各業公所之衰微

各業公所之勢力，表面上雖似宏大，然因社會狀況之日新，有日就衰落之趨勢。當日稍具常識之人，莫不知同業公所之足以阻止工業之進步，思所以廢止之。而且種種新工業日興月盛，多不隸屬於同業公所之中，而專賴中央政府之提倡。其勢力遂漸駕於各業公所之上。同時并有工業上之革命，工業性質爲之大變，而資本人工諸問題，於以興起。

第三節　貴族與君主

當十八世紀時，中古之封建制度雖已廢止，而　　十八世紀時之貴族
鉅室貴族猶享特權。英國、法國、西班牙諸國君主
摧殘國內諸侯之陳跡，茲不多贅。總之，至十八世
紀時，國內貴族已不若昔日諸侯之負固不服，而多
仰君主之鼻息矣。蓋昔日之諸侯，宣戰、鑄錢、立
法、司法，儼同君主；今日之貴族，則反以得侍君
主之巾櫛以爲榮。諸侯城堡至是亦已變爲別墅。

法國之貴族，與英國不同。不喜鄉居，而喜居　　法國之貴族
於 Versailles 之宮內。蓋宮廷生活，興趣甚濃，而近
侍君王，進身有道也。然因久離封邑之故，對於佃
戶，威信漸減；加以管理無方，佃農側目，益失人
望矣。

又因法國貴族，有免納數種國稅之特權。國內　　法國貴族之特權
平民，益形側目。而且因接近君主之故，國內優肥
之職，每爲若輩捷足者所得。又因門第關係，夜郎
自大，工商諸業，皆不屑爲。故法國之貴族，爲數
得十三四萬人，顯然爲社會中之特權階級。尤其不
堪者，則當日法國之貴族，多非昔日封建諸侯之苗
裔，大都以金錢賄買而得之。以視世襲之貴族，尊
卑之價相去甚遠；而國人之視貴族，亦遂多抱藐視
之心矣。

英國貴族之特異　　　　　英國封建諸侯城堡之消滅，較法國爲早，而英
國法律又始終不與貴族以特權。昔日英國君主常有
召集國內貴族商議國家大計之舉，日久遂成今日之
貴族（Peerage）。凡貴族有充貴族院議員之權，傳其
爵於其冢子。然其負有納稅之義務，及其同受法律
之制裁，與平民無異。而且貴族雖係世襲，僅傳長
子，與歐洲大陸諸國之傳其爵位於諸子者異。故英
國貴族人數有限。階級雖異，國人初無側目之心也。

德國騎士仍類中古之諸　　　至於德國之貴族，其地位與中古之諸侯同。蓋
侯　　　　　　　　　　德國旣無中央集權之政府，又無強健有爲之君主。其
結果則在十八世紀時，諸侯之數，尚以百計；壤地
雖小，負固如昔。徵稅、司法、鑄錢、統兵諸權，仍
握掌中。

國君爲貴族之首領　　　　　歐洲各國之貴族，皆以國君爲首領。爲君主者
類多大權獨攬，使國民無參政之機，而暴斂橫征，每
致國民有交困之象。宮廷宏大，費用浩繁，歲入取
諸國民，大半爲權奸所中飽。而且君主得以無故而
逮捕人民，任意生殺。不過爲國民者多歸咎於朝廷
之權相，故對於君主仍甚忠敬也。

君主之盡職　　　　　　　　實則當時歐洲各國之君主，功業甚盛，實有可
敬之道。如封建制度之廢止，君主之力也。國內紛
爭之終止：亦君主之力也。中央官吏遍駐國中，商
旅往來安然無慮。修築孔道，整頓幣制，通商惠工，提
倡學問，鞏固國基，組織政府，卒成今日之民族國
家，亦何莫非君主之力耶？假使封建之制不廢，諸
侯獨立之象猶存，則民主精神與政治平等，恐永無

實現之一日。不過當日君主仍願與貴族合羣，置國民之利害於不顧也。

第四節　基督教會

近世各種問題與中古教會之關係

十八世紀時，歐洲貴族尚享特權。同時基督教士——舊教諸國尤著——亦復享有特權，形同貴族。其勢力之宏大，與其組織之完備，遠出貴族之上。教士之權力，出自教會，而教會實數百年來歐洲之最要機關。當中古時代，凡歐洲人民無一不屬於教會，正如今日人民之無一不隸於國家。宗教革命以前，歐洲之宗教統一於駐在羅馬之教皇，偶有叛離，其罪與背逆等。不忠於教會或不服其管束，卽爲褻瀆上帝，窮凶極惡之人。至於教會所資以維持者，非若今日之專賴捐助，其收入之來源，多持各國君主及各地諸侯之輸款。此外教會並有徵收教稅（tithe）之權，無論信教與否，凡歐洲人均有納稅之義。

十八世紀時教會權力之宏大

自中古以來，教會內部雖有變遷，然至十八世紀時，其外表尚與昔無異——如隆重之儀式，雄厚之資財，宏大之勢力，信仰之專制等。凡瀆神者或信異端者，教會仍有監禁之權。教士所設學校，各地林立，青年學子，養成堅忍之教徒。醫院及各種慈善機關，多由教士主管。教徒生死，均須經其註冊。男女婚娶，必經教會之認可，方爲合法。寺院

遍地，資產豐富。一七八九年時，巴黎一城之中，修
道之寺數達六十八處，女尼之菴達七十三處。教稅
徵輸，一如昔日，而教士亦仍享有蠲免直接稅之
特權。

新教舊教之宗教專制　　居今日而反觀十八世紀之教會，則無論新教、
舊教均無信教自由之可言。而政府亦盡力於維持宗
教之專制，偶有反對國教之舉動或言論，即懲辦
之。以視今日之信教自由，相去遠矣。

法國新教徒之地位　　法國自一六八五年 Nantes 之令取消以後，新教
徒之公權，剝奪殆盡。一七二四年，政府下令凡人
民不奉羅馬舊教者，則籍沒其財產，男子遠戍，女
子監禁終身。傳布新教或他種宗教者，處以死刑。他
日虐殺之舉，雖形減少，然不信舊教者生死無註冊
之地，婚姻無認可之人。故新教徒之婚姻及子女，均
爲國法所不認，無承受遺產之權。

出版物之檢查　　其時所有出版物，均有嚴重檢查之舉，蓋恐其
中言論或有攻擊舊教之處，教會及君主之權力，或
恐因此而搖動也。羅馬教皇久已設有委員會審查新
書之責（此會至今尚存），時印行禁書書目曰 *Index*
者行於世。一七五七年法國王曾下令凡著述，印刷
或售買攻擊宗教之書籍者，則處以死刑。大學教授
之講義，亦受嚴重之監督。一七五〇年巴黎有教士
因以耶穌之治病與醫神 Esculapius 相較，被逐出
國。當十八世紀時，法國出版之書籍，頗有抨擊當
時政府及教會者，皆被焚燬。著書者亦常有被逮
之虞。

當時雖有檢查書籍之舉，然攻擊舊習，提議改革之書籍，時有發見，通行無阻。蓋著書者往往不發表著者及印刷者之姓名，而且多在荷蘭及 Geneva 等處印刷發行。亦有名雖在外國印刷，而其實則在本國秘密印行者。

檢查書籍之無效

其在西班牙、奧大利及伊大利——在教皇領土內尤著——諸國，教士之勢力及其特權，較法國尤爲宏大。而教士之有力者，尤推耶穌社中人。至於西班牙，則一面有書籍之檢查，一面有異端裁判所之設立，故宗教一端，至十八世紀末年，方有改革之舉。

西班牙、奧大利及伊大利諸國之教會

至於德國教會之地位，與他國絕不相同。南部信舊教，普魯士及北部諸地則信新教。爲主教者，廣擁領土，儼同諸侯。德國西南兩部之地，屬諸教會者竟達三分之一。

德國教士地位之特異

第五節　英國之國教及新教諸派

英國當 Henry 第八時代，宗教上已叛離羅馬教皇而自立。其女 Elizabeth（一五五八年至一六○三年）在位，國會有國教之規定。廢止聖餐儀節並適用普通祈禱書。定教條三十九，以資人民之信守。教會之組織，雖沿舊教之舊，然大主教及主教等之任命，權操於國君。所有教士，均有遵守三十九信條

女王 Elizabeth 在位時代之國教

之義。宗教上之禮節，一以祈禱書爲根據，凡禮拜日而不赴教堂者，則以法繩之。

英國之虐待舊教徒

英國政府之對待舊教徒雖屬嚴厲，然不若法國虐待新教徒之甚，當 Elizabeth 在位時代，英國舊教徒因受耶穌社中人之播弄，曾有陰謀反對女王之舉。舊教徒頗有因此被誅者。其時凡攜教皇之諭以入英國者，信奉舊教者，或使新教徒改信舊教者，均以大逆不道論。或有躬與聖餐禮者，則令其罰金或監禁之。

清眞教徒

然其時英國之新教徒，亦頗有不願信奉國教者。此輩新教之異派漸分爲數派。人數最多者，首推浸禮會派。此派傳入北美洲後，傳道事業之規模最爲宏大。蓋自一七九二年後，即有以傳道爲目的之結社也。

朋友會派

英國教派之有名於美國者，尚有朋友會派（Quakers）。此派創於一六四七年之 George Fox。以惡衣惡食，反對戰爭及各種禮節著於世。其在北美洲以 Philadelphia 爲根據地，William Penn 爲此派之首領。宗教中人永久反對戰爭者，首推朋友會。世界弭兵之運動，當以此派之主張爲最早。

監理會派

英國最後之新教派曰監理會派（Methodists）。創始者爲 Oxford 大學學生 John Wesley 其人。信教極具熱誠，習慣極有規則。Wesley 離 Oxford 大學後，曾居於 Georgia 殖民地。一七三八年回英國，深信"罪過頓除"（Conversion）之說，其教義即以此爲根據。彼在倫敦及其他大城常開宗教之會。奔走全國以傳道爲事。襄助之者有 Charles Wesley 及 Whitefield 二人。監理會派之教徒，最初本自命爲英國國教中人，日後漸自成一派。至一七八四年，北美洲之監理會派有組織監理聖公會（Methodist Episcopal Church）之舉。至十九世紀初年，英國之監理會派，亦獨樹一幟於國中。Wesley 歿時，此派之教徒數達五萬，至今在美國者數達六百萬。

當十七世紀時，英國信教自由之精神，極其薄弱。自"光榮革命"以後，虐殺異派之事漸形減少。然英國國教依然存在，雖有一六八九年之《信教自由議案》，然異派教徒不得充當政府之官吏或收受大學之學位。僅信奉國教者有領有采邑之權。國教中主教，並得列席於上議院。

英國不承認舊教之存在

英國法律對待舊教之嚴厲，始終不變。凡信舊教者不得入英國。國民不得舉行"聖餐禮"。舊教徒不得充任官吏或議員。就法理論，則舊教徒絕無入居英國之權利。唯對於新徒之異派，則法律上之限制，日形寬縱焉。

英國之出版自由

英國教會仍設有司法機關，以懲辦教徒之不赴禮拜堂者、信異端者及有不道德之行爲者；然不甚實行。而且英國之出版物，不若法國之須得政府之允許。故當日關於科學及宗教之討論，當以英國爲最自由。十八世紀之英國實爲思想進步之中心，而爲法國改革家私淑之地云。

大抵當日英國之教派過多，故一派獨尊之事實不可能。Blackstone 之言曰："吾輩先人宗教專制之

虐殺異派之減勢

政策，實不免於謬誤。教派分離之罪，斷非政治上之壓力及懲戒所可消除。宗教上之紛爭，除非有害於國家之安寧，政府初無干涉之根據。官吏固有維護國教之責，然既剝奪異派教徒之公權，則任其信教自由，亦復何害？若因意見不同之故，驟加虐殺，豈不有背於自由之原理耶？"

第六章　改革精神

第一節　近世科學之發達

　　當十八世紀時，社會狀況及人類思想，雖已經改革精神過五百年之變遷，而中古制度猶頗有存在者。如佃奴也，各業公所也，封建租稅也，享有特權之貴族及教士也，寺院制度也，複雜苛虐之法律也——凡此種種皆中古黑暗時代之遺產，而留存於十八世紀者也。然至是歐洲人漸知舊制之不善，漸望將來之改良。並知進步之障礙，實在舊制之存在及智識之閉塞。必先廢除舊制，開通知識，而後方可建設新制以適合於當日之環境。

　　此種希望將來之心理，在今日視之本不足異，然尊古之習在當日則實一種新態度也。蓋當日之歐洲人均有尊古之習，每以現在狀況爲不如過去之佳；因若輩對於昔日之缺點知者甚少，而對於當日之陋習則知之甚審也。當時歐洲人，亦有欲爲武士，爲聖人，爲名士，爲美術家，爲偉人者，然皆以能比擬古人爲尚，初無超軼古人事業之心。求智識於古人著作之

93

中，不求之於當日世界之上。以爲 Aristotle 之科學著述，已足包羅萬有，詳盡無遺。大學教授之責任，卽在解釋其著作之意義以傳授於學生，而不在學問之增加或謬誤之改正。所有思想，莫不以過去爲依歸；所謂改良，卽是復古。

科學家促進進步及改革之精神

歐洲人思想之能由過去而向將來者，科學家之功爲多。自有科學家之後，世人方知古人之謬見極多，古人之思想未當。盲從古人之習日漸消除，希望將來之心日漸濃厚。故今日之歐洲人無不時存進步之觀念，而種種發明亦因之而日新月盛也。當中古時代，學者所研究者在古而不在今。重神學與哲學而不重天然科學，抑若讀古人書——Aristotle 之著作尤要——卽足以了解世界焉。

近世之科學方法

然當十三世紀時，卽有 Francis 派之修道士名 Roger Bacon 者，力言盲從古人之非是，主張獨立以研究眞理。其方法有三：第一，對於萬物之變化，應有嚴密之觀察，方可以了然其究竟。近世衡量及解剖諸法之精審，卽源於此。例如化學家能在杯水之中，詳悉所含各物之多寡及性質，不知者且以爲一杯清水，不染一塵矣。第二，爲實驗。Bacon 以爲僅僅觀察天然，尚不足恃，必加以人爲之實驗，方可斷定其結果。故今日之科學家，莫不並有賴於實驗之一法。蓋僅有觀察而無實驗，斷不足以明萬物之究竟也。第三，吾人既知觀察及實驗爲求智之方法，然無觀察及實驗之器械不爲功。當十三世紀時，已有人知凸鏡之足以顯微，不過不如今人所製者之精緻耳。

規定科學方法之第一人，當推英國 James 第一時代之政治家及著作家 Francis Bacon。彼以爲吾人果能研究萬物之本身，排除各種模糊之字義——如"濕""乾""物質""形式"——與大學中所授之 Aristotle "多刺哲學"（Thorny Philosophy），則各種科學之發明，當可遠過古人之所得。又謂"時至今日，能將各種流行之觀念一掃而空，而重新研究者，尚無其人。故今日人類之智識，猶復混雜不堪，有可信者，有偶然者，亦有極其幼稚者。"

Francis Bacon（一五六一年至一六二六年）

觀察實驗之方法旣盛行於世，人類對於地球及宇宙之觀念爲之丕變。其最重要之發見，莫過於萬物運行皆有定律之一說。而近世科學家卽終身以發明此種定律及其應用爲事者也。星命之說已失根據，魔術方法久已不行。天然定律之作用，始終不息。科學家研究所得之結果，實已遠駕於中古魔術家所得者萬倍矣。

自然律之發現

科學雖有進步，而障礙實多。蓋人類天性，固不願變更其觀念者也。而且教會教士及大學教員涵養於《聖經》及 Aristotle 學說中者甚深且久。所有智識，一唯古人所用之課本是賴。極不欲多所更張以與科學家同時並進。

反對科學上之發明

有幾種科學上之發明，每因不合於《聖經》，而爲神學家所排斥。如謂地球爲行星之一，並非上帝所造者，又謂太陽甚多，吾人之太陽，不過其中之一云云，此種學說，不但教士聞之爲之咋舌，卽當

神學家之反對態度

時之社會亦莫不驚奇。故當時之思想家，頗有遭際不良而身受苦痛者，其著作亦頗有被禁或被焚者。Galileo 曾被迫宣言不信地球之圍繞太陽，並因不用拉丁文而用伊大利文著書以懷疑當日之見解，故被拘禁；並須每日背誦《讚美詩》至三年之久。

第二節　科學上之發見及改良精神之產生

科學發見之影響於宗教信仰上者

　　其時思想陳腐之人，羣知一旦科學發達，於若輩定有所不利。蓋自有科學研究以後，泥古之習一變而爲疑古之心。舊日宗教中人，無論新教舊教，均主人類性惡之說。至於科學家之主張則適與之相反，以爲人類之性本善；人類應自用其理想；人類果能研究天然定律，其智識定能日有增加。而且迷信破除，謬見更正以後，人類狀況必能改善。又主張上帝不獨默示於猶太人，其好生之德，彌漫於宇宙之中，自古至今，無遠弗屆。

自然神教家

　　此種宗教觀念，與基督教義并無不合。蓋古代神文著作中曾有此種主張也。然當時懷有此種觀念者每係自由思想家，攻擊基督教義不遺餘力。以爲若輩之上帝觀念，遠較基督教徒爲有價值。並謂基督教徒既深信靈怪及地獄諸說，是明明以上帝爲違反自然律之人矣。

一七二六年，世界上第一自然神教家法國之 Vol-
taire 有游歷英國之舉。其時 Voltaire 年僅三十二歲，對
於舊日信仰本已懷疑。既抵英國，思想爲之益變。尤
仰慕 Newton 之爲人，故躬行送葬之禮。彼以爲萬有
引力之發明，其功業當在 Alexander 或 Caesar 之上，故
盡力傳播其說於法國人。嘗謂："吾人所應崇拜者，非
以力役人之人，乃以眞理服人之人，非破壞宇宙之
人，乃明瞭宇宙之人。"

Voltaire 之游英

Voltaire 鑒於朋友會派中人生活之簡單及痛恨戰
爭之激烈，大爲感動。對於英國之哲學，私淑極深，尤
喜 John Locke（一七〇四年卒）。彼以爲 Locke 所著
之 *An Essay on Man* 一詩，爲世界上得未曾有之勸善
詩。又鑒於英國人言論及著作之自由，與夫尊重商
人之習慣，異常欽羨。嘗謂："法國商人，受人藐視，每
自汗顏；然商人既能富國又能裕民，而謂其不若面
塗脂粉之貴族，一面驕人，一面乞憐，以得侍君主
之巾櫛爲榮者，竊未敢信。"

Voltaire 所得言論自由
之印象

Voltaire 將游歷英國所得者著文以行世。巴黎之
高等法院以其有抨擊國君及政府之處，取其書而焚
之，然 Voltaire 終身爲主張依賴理想及信仰進步之最
力者。對於當時制度之缺點，時有所見，每爲文以
攻擊之。文筆暢達，人爭誦之。彼所研究者，範圍
極廣，如歷史、戲曲、哲學、傳奇、紀事詩、書札
等，莫不有所著述。故其文字之影響，所及甚廣。

Voltaire 之游英觀察談

Voltaire 之批評各種制度，範圍甚廣，而其攻擊
羅馬舊教，尤爲激烈。彼以爲教會專制，反對理想

Voltaire 之攻擊宗教

與改良，實爲人類各種進步之最大障礙。故 Voltaire
之爲人，實爲教會空前之仇敵。

Voltaira 之弱點

Voltaire 固是多才，然亦有其短處焉。彼之議論
每貽膚淺之譏，而武斷之處亦復在所不免。彼所見
者僅教會之弊，而忘卻舊日教會之利。對於教會中
人之著作，每加以誅心之論。未免將宗教觀念與檢
查書籍及神學爭辯諸事合爲一談，於理實有未當。

Voltaire 之優點

然彼對於當日之虐政，竟能力加攻擊，有膽有
識，令人欽敬。彼所攻擊之弊竇，至大革命時莫不
一掃而空。新舊教徒之非議 Voltaire 者，往往顯其所
短而略其所長，究非持平之論。蓋教會之能改良，實
不能不歸功於 Voltaire 之議論也。

Diderot 之百科全書

當日欽慕 Voltaire 者頗不乏人。其最著者卽爲
Diderot 及其同志是也。若輩當時有編纂《百科全
書》之舉，以傳布科學智識，激起改革精神爲主
旨。《百科全書》之爲物，並不自當日始，蓋 Diderot
之計畫，原欲翻譯英國 Chambers 之《百科全書》也。當
Diderot 輩所編之《百科全書》未出版時，德國曾編
有《百科字典》（*Universal Dictionary*）六十四卷行
於世。然當時歐洲人之能讀德國文者，爲數甚少，而
Diderot 輩所編之《百科全書》，則因文字淺明，及歐
洲人多能讀法國文之故，風行一世。

神學家之反對百科全書

Diderot 輩深恐反對者多，故對於當日流行之觀
念雖不同意，亦採納之。然同時並將意見相反之材
料，搜集無遺，俾讀者以權衡之餘地。一七五二年，首
二卷方出版，卽爲法國政府所禁止，因其有攻擊君

主及宗教之處也。

政府雖禁止《百科全書》之印行，然並不禁止　　　百科全書之告竣
諸人之編纂。故源源出版，購者日衆，而反對者亦
日力。以爲編纂者之目的，在於搖動宗教及社會之
根本。法國政府遂取消其出版證書，並禁止首出七
卷之銷售。然七年之後 Diderot 輩竟將後十卷告竣以
公於世。

《百科全書》中所攻擊者，爲宗教專制、苛稅、　　百科全書之價値
販賣奴隸、苛虐刑法等。立論雖甚和平，而主張異
常有力。而且竭力提倡天然科學之研究，舊日之神
學哲學遂無形爲之失勢。Diderot 所著《立法者》一
篇中之言曰："各國人民有互換工農各業出產品之必
要。故商業爲聯絡人類之新機關。今日各國均有維持
他國財富、工業、銀行、生活、農業之義。一旦 Leip-
zig、Lisbon 或 Lima，有衰敗之跡，則歐洲貿易，必
有破產之虞；而受其影譽❶者，將達數百萬人之衆
云。"故英國人 John Morley 嘗謂深悉近世社會之原
理而能注重工業者，當首推法國《百科全書》家云。

第三節　政治上之新思想

Voltaire 及 Diderot 輩提倡新知雖力，然均無攻　　《法意》
擊君主及政府之舉。自 Montesquieu 出（一六八九年

---

❶ "譽"，當爲"響"。——編者註

至一七五五年），雖表示其對於法國政制之信仰，然因稱賞英國政府優良之故，極足以使法國人了然於本國政府之敗壞。嘗著《法意》一書，謂證諸歷史，政府爲特種時勢所造成，故政府之組織應有以適合當日之情勢。彼以爲各國政府，以英國爲最良。

Rousseau 攻擊文明

攻擊當日之制度，使國人生不滿之心者，除 Voltaire 外當推 Rousseau（一七一二一年至一七七八年）其人。Rousseau 之主張，與 Voltaire 及 Diderot 不同。彼以爲時人病於思想之過多，並不病於思想之太少；吾人應依賴感情，不應專恃腦力。又謂歐洲當日之文明實嫌過度，不如反諸自然樸野之域之爲愈。其第一篇文字，著於一七五〇年，係應懸賞徵文之稿也。文中證明人類道德之墮落，實源於學術之發達。蓋學術發達之後，人心日趨險詐也。故力讚 Sparta 之樸野而痛罵 Athens 人之墮落。

Emile

不久 Rousseau 又著一研究教育之書，即至今尚負盛名之 Emile 是也。書中極言教師改良人類天性之非是，以爲“天生萬物，莫不優良，一經人手，莫不退化……欲保存天性之本來面目，其道何？由莫如無爲……吾人之智慧，皆奴性之成見也；吾人之習慣，皆抑制天性之具也。文明之人，皆生死於奴境者也。生爲衣所縛，死爲棺所囚；一生之中，始終受制度之約束。”

《民約》

Rousseau 主張人類生活以淳樸爲主之說，聞者莫不心許。不久又有人類自然平等及參預政治權利之主張，時人益爲之傾動。其著名之《民約》一書，即

詳述此種主張者也。其開端之言曰："人類生而自由
者也，而今則到處皆受束縛。一人自以爲爲他人之
主人，而其爲奴隸也，則較他人爲尤下。此種變遷
何自來？吾不知也。此種變遷何以竟成合法之舉
乎？則吾能答之。"彼以爲此種變遷之合法，原於民
意。統治權當屬諸人民。人民雖可設君主以治國
家，然立法之權當操諸人民，蓋人民有守法之義
也。他日法國革命時代之第一次憲法，定法律之意
義爲"民意之表示"，卽受 Rousseau 學說之影響者也。

　　十八世紀時主張改革之書籍不一而足，而影響 Beccaria（一七三八年至
一七九四年）及其著作
最巨者莫過於伊大利人 Beccaria 所著《犯罪及刑
罰》（*On Crimes and Punishments*）一書。書中所述
當日刑法之苛虐不平，簡明允當。蓋當日審判之不
得其平，刑罰之殘酷無理，雖在英國亦復如斯。刑
訊逼供，仍甚通行。考查證人，出以祕密，於未見
被控者之面之前，錄其證據；通風報信者，予以重
賞；無根之言，卽足以入人於罪。罪犯旣自承，則
用種種虐刑——如拷問機、指夾、火烙諸刑——逼
其供出同謀者之姓名。不但殺人者處以死刑，卽信
異端者、贗造者、行劫者、瀆神者，亦莫不處以死
刑。據名法學者 Blackstone 之言，則英國法律所定
之死刑，計凡一百六十種，凡刊斷菓園之樹，竊自
商鋪中五仙令以上，及竊自衣袋中十二便士以上之
罪皆屬之。唯英國死刑之罪，法定雖多，然因其有
陪審公開及出庭狀之制，其審判尚遠較大陸諸國爲
公允也。

Beccaria 之主張	Beccaria 主張審案應公開，證人須與被控者覿面。密控他人者不得受理。尤不應有刑訊逼供，強入人罪。彼並主張死刑之廢止，一因死刑之阻人爲惡，不如終身監禁之有力，一因死刑之殘酷——如斬、絞、凌遲、車斷等——極足以敗壞觀者之德性也。故刑罰須寬大而一定，當以犯罪及於社會之危險程度爲衡。貴族官吏之犯罪，其刑罰當與平民等。籍沒財產，亦應廢除；蓋因一人有罪，遺累其無罪之家族，於理未當也。罰人之犯罪，不如阻人之犯罪，欲阻人之犯罪，莫若將法律昭示國人，而明定其刑罰。而振興教育，開通民智，尤爲澄本清源之上策。
十八世紀之經濟學	經濟學發達於十八世紀中葉以後。其時學者頗能研究國家財富之來源，貨物出產及支配之方法，貨物供求之公律，泉幣信用之功用，及泉幣信用及於工商業之影響。等十八世紀以前，羣以爲此種事實，絕無研究之價值。初不知物價貴賤之不同及利率高低之各異，均有定律存焉。古代希臘及羅馬之哲學家，對於農工商界中人，多藐視之；蓋其時力田經商者類以奴隸充之故也。當中古時代，藐視之態，雖不若昔日之甚。然當日之神學家及哲學家，好高騖遠，絕不注意於人民之生計也。
各國政府規定工商業之影響	當時政府，雖不知經濟學上之公例爲何物，然已漸有規定工商諸業之舉。吾人已知各國政府常有種種之限制以利其本國之商人，或援助各業公所以維持其專利之職業。法國政府因受 Colbert 之影響，規

定工商各業，鉅細無遺。如織品之廣狹、顏色、質地，均有定規。政府對於食糧，禁商人不得居奇，或竊運出境。

　　總之十八世紀初年之政治家及學者莫不以提倡實業爲富國上策。又以爲欲增財富，必輸出多於輸入方可，蓋必如此而後他國之金銀方可源源而來也。凡主張政府之提倡航業，發達殖民地，及規定製造業者，謂之“重商主義家”(mercantilists)。　　**重商主義**

　　然至一七○○年時，英國與法國學者頗以政府之干涉工商業爲失策。以爲政府限制過嚴，每生極不良之結果；若政府不加限制，使製造家得以自由適用新發明，則工業之發達，必能較速；又謂法國政府之限制民食過嚴，適足以增加人民之痛苦，蓋有背於經濟學上之公例故也。此輩經濟學家頗反對昔日之重商政策。以爲重商主義家誤認金銀爲國家之財富，殊不知國家之貧富固不在現金之多寡也。世人名此派學者爲“自由貿易家”。卽法國某經濟學家所謂“放任主義”(Laissez faire)是已。　　**自由貿易主義**

　　一七七六年蘇格蘭人 Adam Smith 所著之《原富》(*An Inquiry into the Nature and Causes of the Wealth of Nations*)，爲近世第一經濟學之名著。他日經濟學之發達，莫不以此爲根據。彼頗反對重商政策及其方法——如進口稅、政府補助費、限制穀米之輸出等——以爲此種限制，適與富國利民之道相反背，而減少出產之價值。政府之責，盡於保護而已。然彼對於英國之《航業法律》極表同情，故 Adam　　**Adam Smith 之《原富》**

Smith 實非純粹之自由貿易家也。

經濟學者之攻擊舊制

英國與法國之經濟學者其主張雖不盡相同，然均以爲政府不應有違反經濟學公例之舉。例如攻擊舊日稅法之未當，主張賦稅當直接徵之於地主。著書立說，風行一世。甚有印行經濟學雜誌以提倡國民之經濟學識者。

十八世紀爲開明進步之時代

據上所述，可見十八世紀實一開明進步之時代。學者輩出，民智日開。旣曉然於舊制之不良，又抱有改良進步之希望。改革精神且達於宮廷之內矣。茲故略述當日開明專制君主之事業。

第七章 法國革命以前之改革

第一節 Frederick第二、Catherine第二及Joseph第二之改革

當十八世紀時，歐洲各國有開明專制君主數 　開明專制君主
人，卽普魯士之 Fredrick 第二、露西亞之 Catherine
第二、奧大利之 Maria Theresa、德國皇帝 Joseph 第
二及西班牙之 Charles 第三是也。之數君皆頗加意於
改良，故有廢舊制，定新法，抑制教士，提倡工商
諸善政。世稱爲"開明專制君主"（ enlightened
despots ），實則若輩雖較當時一般君主爲開明，然其
利國利民之心，至多亦不過與 Charlemagne、Canute
及 St. Louis 諸君等。至其專制，則眞名實相符。總
攬國家之大權，使國民無參政之餘地。爭城爭地，時
動干戈。故謂其專制則有餘，稱爲開明則不足。

當日開明專制君主中之最有能力者當推普魯士 　Frederick 第二
王 Frederick 第二（一七四○年至一七八六年）。王幼
年好讀書、賦詩、弄笛，爲其父所不喜。曾受業於
法國人某，故極愛法國文及法國之文哲諸學。年十

八歲，因不勝軍事訓練之苦，意欲逃亡，中途被逮。其父怒甚，幾手刃之。後遂禁之於 Küstrin 衞城中。令讀《聖經》。并使其目睹同謀者一人之被戮。

Frederick 第二之受教

事後 Frederick 第二稍稍留意於國家大事。巡視 Küstrin 附近之皇室領土，遂了然於農民之疾苦。其父代訂婚姻王允之。一意以研究文字、哲學、歷史、數學爲事。並與歐洲文人信札往來，殆無虛日，尤敬 Voltaire 之爲人。喜著書，有暇則從事於歷史、政治、軍事之著述。死後遺著凡二十四卷，均用法國文著成者也。

卽位後之事業

Frederick 第二旣卽位，乃專心於政治。雖不與人民以參政之權，然其勤勞國事，世所罕有。早起晏眠，萬機獨理，從不假手於他人。對於宗教，極主張信教自由。彼固深信自然神教者也。故國內新教徒雖多，而舊教徒亦頗不少。對於法國新教徒及耶穌社中人，一視同仁，絕無畛域。嘗謂："吾對於羅馬及 Geneva，嚴守中立。"又謂："凡因信仰不同而開罪他人者則罰之；假使吾之信仰有所偏倚，不且激起黨見與虐殺乎？故吾之宗旨，所以使各派教徒了然於教派雖異，其爲公民也則同。"

Catherine 第二

露西亞之開明專制君主，應推 Peter 爲第一人，然其名不著於當日。至十八世紀後半期，有女帝名 Catherine 第二者（一七六二年至一七九六年），實歷史上一奇人也。帝本德國人，一七四三年出嫁於露西亞之皇子 Peter 第三。年方十四歲。旣入露西亞，遂改奉希臘教，易其名 Sophia 爲 Catherine。其夫在位不

過六閱月，待其后甚薄。后恨之，乃陰促禁衛軍叛，遂
自立爲女帝。Peter 第三不得已退位，卒爲后黨中人
所弑而卒。

　　Catherine 第二承 Peter 大帝之志，一意將歐洲文
化輸入露西亞爲事。爲人放蕩詭詐，然勤於政事，而
知人善任。早晨六時卽起，沐浴晨餐，均自任之。終
日披閱公牘無倦容。

Catherine 第二之性質

　　Catherine 第二極欽慕當日之哲學家及改革
家。曾邀 Diderot 與之同居者一月。請法國有名數學
家 d' Alembert 來任皇儲之業師，不允，帝爲之大失
望。又訂購 Diderot 之《百科全書》一部。當 Diderot
貧困時，女帝並購其藏書而仍許其留用。嘗與 Voltaire
通信，詳述其改革之計畫。其時露西亞人頗有主張
廢止佃奴制者；女帝獨不謂然，反增加佃奴之人
數；同時並禁止佃奴不得向政府訴苦；佃奴之景況
因之較前益困。又將教會及寺院之資產，一概沒
收。以資產之收入爲維持教會及寺院之用，其餘款
則爲設立學校及醫院之需。

Catherine 第二仰慕法國
文化

　　Frederick 第二及 Catherine 第二雖仰慕當時之改
革家，然絕無改革法律及社會之意。唯德國皇帝
Joseph 第二自一七八〇年其母 Maria Theresa 死後，兼
領奧大利，極具改革之熱忱。首先着手於鞏固國
基。定德國語爲國語。所有公文書，均應用之。廢
舊日之疆域，分全國爲十三省。並廢舊日各城市之
特權，另代以新政府，由中央任命官吏主持之。

Joseph 第二之改革事業

　　Joseph 第二嘗游法國與 Rousseau 及 Turgot 善，心

Joseph 第二之攻擊教會

服其主張；故回國後，卽着手攻擊國內極有勢力之
教會，尤惡修道士。嘗謂："寺院制度實反於人類之
理性。"廢止寺院六百處，收其財產爲慈善事業及建
設學校之用。任命主教不請示於教皇，並禁止輸款
於羅馬。宣言婚姻屬民事範圍，與教士無涉。凡 Luther
派、Calvin 派及其他異端，均許其自由信仰。

Joseph 第二攻擊封建舊制及提倡工業

Joseph 第二攻擊當日"封建制度"之遺跡及提
倡工業。解放 Bohemia、Moravia、Galicia 及匈牙利
諸地之佃奴，使爲佃戶。並減少其他諸地佃奴對於
地主之徭役。凡貴族教士一律令其納稅，不得亨蠲
免之特權。統一國內雜亂無章之法律，卽今日奧大
利法律之始基也。對於關稅，適用保護政策，並提
倡工廠之組織。因提倡國貨之故，將宮內之外國酒
悉數送入醫院中。同時并禁止民間不得以金銀爲製
燭臺之用，以示節儉之意。甚至禁止死者不得用
棺，意謂木材太費也。

Joseph 第二改革之阻力

其時國內之反對改革者頗不乏人，教士貴族等
無不竭力以阻止其改革。其領上 Netherlands 於一七
九〇年宣布獨立。同年 Joseph 第二死，維新事業亦
同歸於盡。

開明專制君主事業之總論

據上述者觀之，所有開明專制之君主，均以擴
張個人權力爲宗旨，專制有餘而開明不足。若輩雖
反對羅馬之教皇，然意在攫其權以爲己有。間有取
一部分之教會財產以自肥者。對於法律，有所改
革。對於政府，盡力集權。對於農工商諸業，亦莫
不竭力提倡。然其目的皆在於一己權勢之擴大，及

政府收入之增多。蓋除 Joseph 第二尚有解放佃奴之
舉外，若輩絕不願予人民以參政之權也。

第二節　一六八八年後之英國

當十七世紀時代，英國實爲改革事業之領袖。代
議制創自英國。英國君主因主張君權神授之故，被
殺及被逐者各一人。英國國民之宗教及思想，無不
自由。名詩人 John Milton 曾著文以維護出版之自
由。名哲 John Locke 曾力主國民應有信教之自由，政
府不應加以干涉。王家學會盡力於自然科學之提
倡。著作家如 Francis Bacon、Newton、Locke 輩之著
作，無不風行於歐洲大陸諸國以激起諸國之思想。

十七世紀之英國爲改革之領袖

自一六八八年 William 與 Mary 卽位後，英國五
十年來相持不下之二大問題因之解決。第一，英國
國民自此決定信奉新教，而國教與新教異派之紛
爭，亦漸歸平靖。第二，君主權力，限制甚明，故
自十八世紀以來，英國君主無再敢否認國會通過之
議案者。

兩大問題之解決

一七○二年 William 第三去世，女王 Anne 卽
位。在位之日，有與西班牙之戰爭。然有較戰爭尤
爲重要者，卽英國與蘇格蘭之最後合併是也。自四
百年前英國王 Edward 第一開始征服蘇格蘭以來，兩
地間時有流血衝突之舉。英國與蘇格蘭兩地雖自

英國與蘇格蘭之合併

109

James 第一以來即同隸於一人之下，然各有國會，各有政府，并不統一。至一七〇七年，兩地國民方願合併其政府而爲一。自此以後，蘇格蘭選出議員四十五人出席於英國國會之下院，選出貴族十六人出席於上院。大 Britain 一島自是遂成一統之局，紛爭之跡，大形減少。

George 第一之即位

女王 Anne 之子女多夭殤。一七一四年女王卒，無嗣，乃根據昔日之規定以最近之親族信奉新教者繼之。其人爲誰，即 James 第一之外甥女 Sophia 之子是也。Sophia 本 Hanover 選侯之妻，故英國新王 George 第一（一七一四年至一七二七年）並兼領 Hanover 而爲神聖羅馬帝國之一分子。

英國與均勢之局

William 第三未入英國以前，本係歐洲大陸上之一政治家。其目的在於防止法國之過於得勢。彼之加入西班牙王位承繼戰爭，即以維持均勢之局爲目的者也。當十八世紀時代，歐洲大陸諸國間之戰爭，每有英國之參預，其原因亦在於此。至於爲擴充英國領土而起之戰爭，則多在遠地實行之，而不在歐洲之大陸也。

Charlie 親王之入侵

當一七四〇年，普魯士人與法國人合攻 Maria Theresa 時，英國獨援助女王。法國遂命英國王 James 第二之孫 Charlie 親王率海軍艦隊以入侵英國，志不得逞。至一七四五年，幼主又入侵英國，在蘇格蘭登陸。其地高區之會長，多響應之。幼主遂召募軍隊南向而進。英國人禦之甚力。一七四五年大敗幼主於 Culloden Moor 地方，幼主不得已再遁入法國。

第三節　十八世紀之英國立憲君主及George第三

英國之政府權在國會，與歐洲大陸諸國之專制政府權在君主者異。蓋英國自一六八八年之革命而後，君主之地位有同選舉，而其機力又爲憲法所限制也。故雖有君主，徒具虛名。欲行專制，勢有不可。

英國之立憲君主

吾人已知當日英國之政黨有二，曰新黨（Whigs），爲舊日圓顱黨之後，主張國會獨尊及信教自由者也；曰舊黨（Tories），爲騎士黨之後，主張君權神授及國教獨尊者也。女王 Anne 死，舊黨中人主張迎 James 第二之子入承大統，卒爲新黨人所反對而敗。乃迎 Hanover 之 George 第一入英國即位。新黨自後得勢者幾五十年。

十八世紀初年新黨之得勢

George 第一既即位，不諳英國語，且不悉英國之政情。國務會議多不出席，付其權於新黨之領袖。是時新黨中有 Robert Walpole 者極具政才，任總理之職者先後凡二十餘年（一七二一年至一七四二年）。對於政治及宗教，一以和平方法處置之，措施盡當，輿論翕然。彼嘗以政府之公款爲購買國會議員之用，故在國會中新黨人常佔多數，政府所欲行者無不得心應手。故 Walpole 實爲英國內閣總理第一人。

Robert Walpole 爲內閣總理

内閣制之發達　　　　　國内兩黨對峙，政見不同，國王遂不得不於兩
黨中選任其大臣。所有國務總理及國務大臣，凡遇
政府政策爲國會所反對時，則全體辭職而去。此卽
William 第三以來之"內閣制度"也。若君主柔懦，則
大權實在總理之手。

君主之地位　　　　　　至於君主，仍可操縱其間以謀自利。故英國舊
黨自一七四五年放棄復辟政策後，英國王卽無專賴
新黨之必要，新黨之勢遂不若昔日之盛。

George 第三之專制　　　一七六〇年，George 第三卽位，組織私黨曰王
友者（King's Friends），利用賄賂以把持政權。王受
母教，一仿歐洲大陸諸國君主之專制。當北美洲殖
民地叛而獨立時，英國政府之政策，純出於國王一
人之意。

改革之要求　　　　　　英國憲政之缺點不在君主之專橫，而在國會之
不能代表民意。當十八世紀時，國會議員多爲地主、
富人所獨佔，國民已生不滿之心。當時學者多著書
以說明英國憲法之未善。以爲人民旣有參政之權，卽
應實行投票之舉，並應將憲法編訂成文，使國民了
解其眞義。研究政治之集會日有增加，並與法國之
各種政社書札往還，以資討論。討論政治之書報源
源出版，下議院中人亦頗有力主改革之人。

Pitt　　　　　　　　　自一七八三年至一八〇一年，Pitt 任內閣總
理。因國民要求改革之迫切，遂提出議案於下議
院，以冀挽救代表不平等之弊。嗣因鑒於法國革命
之過激，英國與法國戰爭之綿延，改革之舉爲之
中止。

當時英國之政府，已具近世自由政體之規模。蓋國王既不得任意逮捕人民又不得自由支配國帑而法律一端又不得任意去取也。而且討論政治之書報風行全國；庶政公開，與昔日之嚴守政治秘密者異。然謂當日英國之政治已同民主，則大誤矣。貴族世襲之上院既可推翻下院之議案，而下院之議員又不足以代表全國之人民。充任政府官吏者以崇奉國教者爲限。刑法之殘酷依然如昔。凡工人不得集會。自 George 第三即位後百餘年，國内農民方有選舉國會議員之權。

英國政體雖屬自由然不似民主

至於法國君主之改革事業，本章中並不提及之。蓋因法國王之措置無方，卒引起國内之絕大變化，王政被廢，共和肇興，其關係於世界人類之將來者甚大，故吾人不得不另章詳述之。

法國

第三卷

法國革命與 Napoleon

第八章　法國革命將起之際

第一節　法國舊制
（Ancien Regime）之紊亂

法國人之改革

　　近世改革事業之成功，中古舊制之覆滅，當以法國爲最早。當十八世紀時，歐洲各國之開明專制君主雖有從事於改良之舉，然其成效蓋寡。一七八九年，法國王下令召集人民之代表赴 Versailles，陳述其疾苦及商議救濟之方法。驚動世界之大事遂於是乎始。國內舊制一掃而空。開明專制君主從事百年之久而未能如願者，法國人則於數月之間而大告成功。人民參政之利於此可見。彼之不知利用人民之援助，而唯命令是賴者，又焉有成功之望耶？

法國革命與恐怖時代不可混而爲一

　　法國革命之事業，往往爲當日政情紛糾所掩沒。吾人一提及法國之革命，則斷頭機也，巴黎暴民也，無不宛然在目。雖對於法國革命絕無研究之人，亦每熟聞此種情狀焉。其結果則"法國革命"之一事，往往與"恐怖時代"合而爲一。殊不知"恐怖時代"者，不過革命之一種結果，非革命之本體也。以之與革命告成之事業較，相去甚遠。學者明乎此，而後可以了然於“法國革命”之眞義焉。

當日歐洲各國之舊制——如專制君主、任意逮捕人民、稅率不平、檢查書籍、佃奴制度、封建徭役、國家與教會之衝突等——改革家之主張及當日君主之改革，均於前兩章中略述之矣。“法國革命”所廢止之種種遺制，法國人稱之爲“Ancien Regime”，卽“舊制”之謂。吾國欲知法國之改革事業何以獨冠歐洲，不能不詳考當日法國之狀況。　　　舊制之意義

革命以前之法國毫無組織之可言，國內人民之權利絕不平等。蓋法國之領土，自古以來，時有增加。其初 Hugh Capet 之領土，不過包有巴黎及 Orleans 附近一帶地。其子孫或用武力，或通婚姻，漸將法國國土四面擴大。Louis 十四時代，佔據 Alsace 及 Strassburg 諸地，並伸其勢力於西班牙屬之 Netherlands。一七六六年 Louis 十五又得 Lorraine 之地。二年之後，Genoa 又割讓 Corsica 島於法國。故當 Louis 十六卽位時，其領土之廣已與今日之法國無異。然其時國內各部之制度彼此互異，絕不一致。　　　法國國家之組織

法國國內，如 Languedoe、Provence、Brittany 及 Dauphiny 諸部，面積廣大，形同國家。各有特異之法律、習慣及政府。蓋各部先後入附時，法國王并不改其法律使與其他諸部一致，祇求其輸款尊王而已。各行省中，兼有保存其舊日地方議會者。故“法國革命”以前之行省，與今日之 departement 異，實一種歷史上之遺跡，而非行政上之區域。各地方言　　　舊日之行省

各不相同，卽文字亦不盡一致。

法律之繁雜　　法國南部雖通行羅馬法，至於中、西、北三部則各地法典多至二百八十五種。故人民一旦移居鄰近之城市，其法律往往與其故鄉絕異。

稅率之不均　　最重稅中，鹽稅居其一，而國內各部不同。故政府不能不費鉅資以監守人民之越境。蓋人民往往偷運稅輕諸部之鹽，售諸稅重之地也。

第二節　特權階級、第三級

享有特權之階級　　法國國內，不但各部之情形不同，卽社會之階級亦極不平等。所有國民幷不享同等之權利。就中唯貴族與教士得享特權，不負納稅（taille）之義務。其他種種之負擔亦往往藉口以逃避之。例如貴族與教士得免當兵或修築道路之徭役。

教會　　中古時代，教會勢力之宏大，駕乎當日政府之上。在十八世紀時，歐洲諸國中唯法國之舊教教會，其聲勢尚與十三世紀時等。握有教育及慈善事業之大權。資產極富，其領土佔法國國土五分之一。教士並謂教產所以備侍奉上帝之用，應享免稅之特權。教士雖嘗有輸納“自由禮物”（free gift）於朝廷之舉，然教會徵收教稅，財力雄厚，頗有自立之概。

教士　　教會之收入大部分爲上級教士所有。卽大主教、主教及寺院住持是也。上級教士類由法國王於貴族中簡任之，故名爲教士，實同親貴。對於教務，漠不經心。至於下級教士，職務雖極勞苦，而俸給有限，幾至無以自存。故當革命發端之日，下級教士多黨於平民而不願與上級教士爲伍。

貴族之特權與教士同，均源自中古。試細察所享之種種權利，卽知當日狀況與十一及十二世紀時代無異。法國之佃奴制雖早經廢止，然國內可耕之地在當日尚均在地主之手。地主對於佃戶仍享有徵收各種舊稅之權。貴族之特權

法國貴族所享之特權，各地不同，爲地主者往往有分得一部分佃戶收成之權利。凡佃戶逐其牛羊而過地主之居室時，間有納稅之例。亦有地主專設磨臼、酒榨及火爐，迫令佃戶租用者。甚至佃戶出售己產時，其鄰近地主有得其售價五分之一之權利。封建之徭役

畋獵之權爲貴族所獨有。凡農民不得傷害可資畋獵之用之禽獸，故爲禾稼之害極大。貴族領土中每建有鴿室，每室有巢一二千。滿布野中，爲害尤烈。農民所受之痛苦，莫此爲甚。畋獵權利

凡軍隊、教會及朝廷上之上級官吏，均爲貴族所獨佔，蓋皆封建時代之遺習也。自 Louis 十六以後，國內貴族雖多入居於 Versailles，然此種特權依然存在。充任官吏之特權

然當十八世紀時，法國之貴族並非均屬昔日鉅室世家之苗裔。大半由國王特封者，或以金錢購得者。故此輩貴族之驕橫，令人益形側目。世家貴族並不甚多

第三級人民

凡不屬教士或貴族二級之人，皆屬第三級（the third estate）。故第三級實爲法國之國民。在一七八九年時，其人數約有二千五百萬。至於貴族及教士，兩共二十五萬人而已。第三級人民大部分鄉居以務農爲業。普通作史者每以爲法國農民之狀況困苦不堪。國家稅率之不平，封建徭役之繁重，固然難堪。而且時有飢饉之禍，益增痛苦。然其實並不如史家所述之甚。美國人 Thomas Jefferson 於一七八七年曾游法國。據云農民狀況，頗呈安樂之象。英國人 Arthur Young 於一七八七年及一七八九年亦嘗往游法國，亦謂鄉農中固有景況困苦者，然大部皆有家給人足之觀。

法國農民之景況較他國爲佳

史家對於法國農民之困苦往往故甚其辭，蓋以爲革命發生必原於人民困苦耳。實則十八世紀法國農民之景況，遠較普魯士、露西亞、奧大利、伊大利及西班牙諸國之農民爲佳。蓋當日歐洲各國，除英國外，仍行佃奴之制。佃奴對於地主，每週有服務之義，婚姻、置產非得地主之允許不可。而且法國人口在 Louis 十四時代，本僅一千七百萬人，及革命將起時，竟增至二千五百萬，尤可見當日人民之狀況並不甚惡。

法國革命原於人心之不滿

“法國革命”所以較他國爲早，並不因人民狀況之困苦，實因當日法國人之智識程度較他國爲高，故對於舊制之缺點莫不了然於心目中也。故僅有秕政實不足以激起大革命。必人民生不滿現代制度之心，而後革命之勢方不可遏也。不滿現制之心，在當日以法國人爲最著。農民之仰視地主，已由保護之人一變而爲刧奪之盜矣。

第三節　君主之專制高等法院

十八世紀法國之政體爲專制君主。Louis 十六曾言："法國之統治權，全在吾之一身。唯吾有立法之權。唯吾有維持秩序之權，而爲其保護者。吾與民，一體也。國民之權利與利害，卽吾之權利與利害，而實握諸吾一人之手中。"故當日之法國王猶是代天行道，除對上帝外，不負一切行爲之責任者也。試觀下述各節，卽可見王權過大之險。 君主之專制

第一，法國王有每年徵收地稅之權，其數佔國家全部收入六分之一。唯徵收之數旣秘而不宣，其用途如何又無從過問。國家收入與王室經費合而爲一。國王可以隨時塡發支票以取國幣，朝廷官吏唯有照給之一法。相傳 Louis 十五曾於一年之中，用去國幣合中國銀一萬四千萬元之多。 君主握有財政權

法國王不但握有財政之權，卽對於人民之性命亦有生殺予奪之力。隨時可以任意逮捕人民而監禁之。可以不經審判而下諸獄中，必待王命而後釋放。此種拘人之手詔名曰"加封之函"（Lettres de Cachet）。此種手詔，凡與國王或朝貴接近者，均易予取予求以逮捕其私仇以爲快。當時因著書而被此 拘人手詔

種手詔所拘禁者頗不乏人。Mirabeau 年幼時，曾因放蕩而被拘數次，卽其父適用此種手詔所致者也。

君權之限制

法國君權之鉅，旣如上述，且無成文憲法及立法機關，然君主之權力亦非絕無限制者。國中之高等法院曰 parlement 者，卽具有阻止君主行動之力者也。

高等法院及其抗議

法國高等法院——國內十餘處，以在巴黎者爲最有勢力——之職權，並不僅以審理案件爲限。蓋以爲君主欲定新法，若不經法院之註册，則法院之判決將無依據。唯若輩雖承認君主有立法之權，若新法不善，則法院往往提出抗議以示反對之意。且將其抗議印而賤售之，故國人每視法院爲維護民權之機關也。法院提出抗議之後，國王應付之道有二：其一，取銷或修改其命令；其二，則國王可召某法院中人開一"鄭重之會議"（lit de justice）親命法院將命令註入册中。法院至是遂無反對之餘地。然革命將起之際，法院往往宣布國王強令註册之法律爲無效。

高等法院與革命之關係

當十八世紀時，高等法院與政府中人時有爭執之舉，實開他日革命之先聲：第一，引起人民對於重大問題之注意。蓋其時國內無新聞紙或國會議事錄可資人民之觀覽也。第二，高等法院不僅批評君主之命令，而且使人民了然於君主無自由變更國家大法之權。意謂法國隱然有一種不成文憲法之存在，而爲限制君權之利器。故人民對於政府之政治秘密及朝貴擅權，益形不滿。

限制君權之機關，除法院外，尚有輿論。Louis
十六時代，某大臣曾謂"輿論爲無財無力之潛勢
力，統治巴黎及朝廷——甚至王宮亦在其勢力範圍
之下矣。"至十八世紀後半期，國民之批評舊制者公
然無忌。改革家及政府中人均知政府之惡劣，其明
瞭於當日之情勢，正與吾人今日所見相同。

當時法國雖無新聞紙，然小本書籍層出不窮，以
討論時政。其功效正與新聞紙上之時評同。Voltaire
及 Diderot 輩之主張言論自由，及其著作如《百科全
書》等，均足以激起國人不滿之心，而抱將來進步
之望。

輿論

公談國事之禁止

第四節　Louis十六之爲人及其整理財政之失敗

一七七四年，Louis 十五卒。在位之日，絕無善
政之可言。因戰爭而失美洲及印度之殖民地，國庫
空虛，瀕於破產；故其末年曾有不認償還公債一部
分之舉。國稅太重，人民嗟怨，而每年政費仍短銀
幣一萬四千萬元之數。王之行動每多不德，以致小
人、女子播弄其間，所有國帑大都爲若輩所中飽。故
當其去世之日，全國歡呼，以爲庸主既逝，改良有
望也。其孫卽位，稱 Louis 十六。

新王卽位，年僅二十歲。未嘗受教育，性惰而

Louis 十六之卽位

Louis 十六之性情

123

傲，好畋獵與制鎖等游戲。優柔寡斷，宅心純正，而絕無能力。對於國事，漠不關心。與 Frederick 第二、Catherine 第二、Joseph 第二，相去遠矣。

Marie Antoinette

Louis 十六之后 Marie Antoinette 爲奧大利 Maria Theresa 之女。一七七〇年訂婚，原所以鞏國一七五六年來法國與奧大利兩國之同盟也。當法國王卽位時，后年僅十九歲，性好娛樂。尤惡宮廷之儀節，每於大衆之前戲謔百出，見者莫不驚奇。法國王舉止安詳，后極不喜。時時干涉政治以利其嬖臣或害其仇敵。

Turgot 爲財政大臣

Louis 十六卽位之初，頗思振作，似抱有爲開明專制君主之志。於一七七四年任當日最有名之理財家 Turgot 爲財政大臣。Turgot 爲當日極有經驗之官吏，而且極有學問之名人也。

Turgot 之主張

欲使政府無破產之虞，人民得輕稅之利，當然以節儉政策爲第一要義。Turgot 以爲 Versailles 宮中之費用過鉅，應予減削。蓋是時君主及王族每年所費不下銀幣二千四百萬元也。而且國王時有任意賞給年金於幸臣之舉，每年亦在二千四百萬元之則。

朝貴之反對

然一旦減削王室之經費及朝貴之年金，則反對之人必羣起而阻之，蓋法國政府實爲朝貴所把持者也。若輩常譖 Turgot 於王前，且因自晨至暮均近國王，與 Turgot 之僅於有事商議時方得入見者，其勢力之厚薄，固可想而知也。

Turgot 之地位

有某伊大利經濟學者，聞 Turgot 被任爲財政大臣，曾致書於其法國友人曰：“Turgot 竟任財政大臣

矣！然彼必不能久於其任，以實現其改革計畫也。彼
必能懲罰貪官數人，必能盛氣凌人以洩其怒，必且
勇於爲善；然彼必多方被阻矣。國民信仰，必爲之
減少；人必恨之；必謂彼之能力不足以副其事業
焉。彼必爲之灰心；彼必求去或免職；然後吾人可
以證明任命如此正人爲法國財政大臣之非是矣。"

　　某伊大利人之言，正確精當，無以復加。Turgot
果於一七七六年五月免職去。朝廷官吏無不彈冠相
慶，喜形於色。Turgot 之改革計畫雖被阻而不克實
行，然他日朝廷權貴之失勢，實 Turgot 有以致之。

　　不久，Necker 繼 Turgot 而爲財政大臣。其有以
促成革命進行之處有二：其一，當時法國因援助美
國獨立之故，與英國再啟爭端，軍費浩大，負債益
鉅。遂產出財政上之絕大危機，而爲革命原因之最
近者。其二，Necker 於一七八一年二月，詳具國家
歲出歲入之報告以陳於國王；使國人了然於國家財
政狀況之紊亂及王室費用之不當。

　　一七八三年，Calonne 又繼 Necker 而爲財政大
臣，濫用國帑較前人尤甚，故極得朝貴之歡心。然
不久財源告竭，籌措無方。高等法院既不許其假
債，國民負擔又已繁重不堪。Calonne 不得已於一七
八六年將破產之大禍及改革之必要，陳諸國王。法
國革命，於是乎始。蓋他日之召集國會，引起政潮，均
Calonne 之報告有以致之也。

第九章　法國革命

第一節　全級會議
（Estates-General）之召集

Calonne 提議改革

　　Calonne 嘗謂欲免亡國之禍，非改革國中一切敝政不可。故提議減少地稅，改良鹽稅，廢止國內之稅界，整頓各業公所之內容等。然改革事業之最要而又最難者，莫過於廢止教士貴族所享蠲免納稅之特權。Calonne 以爲政府若能與貴族教士從長計議，或可望其納稅。故請王下令召集教士與貴族籌商整理財政之方法。

貴人之召集（一七八六年）

　　一七八六年召集國內貴人開會之舉，實與革命無異。蓋法國王至是已承認除求援國民外，絕無救亡之道也。所有貴人——主教、大主教、公、法官、高級行政官等——雖純係享有特權之人，然與接近君主之朝貴有異，已足以代表國民之一部。而且先召集貴人，再召集國會，其勢亦較順也。

Calonne 之批評時政

　　貴人會議開會之始，Calonne 向之詳述國家財政之困難。謂每年政費不敷銀幣八千萬元之則，欲假

國債已不可能，欲行減政又嫌不足。"又將用何法以
彌補其不足，而增進歲入乎？諸君其亦知國家之秕
政乎？一年之中，因秕政而費者甚鉅，倘改革之，足
以救濟財政之紊亂矣……目下最重要而且最難解決
者，莫如秕政，蓋其根深蒂固，已非一日也，例如
平民所負之重稅，貴人所享之特權，少數人所享免
稅之權利，各地稅率之紊亂。"——凡此種種，爲人
民所痛心疾首者，均非廢止不可矣。

其時貴人對於 Calonne 絕無信仰之心，故對於彼
之改革計畫，遂無贊助之意。王乃下令解 Calonne
之職，不久貴人會議亦解散（一七八七年五月）。Louis
十六至是仍思用命令以實行其整理財政之計畫。

Calonne 之免職及貴人
之散會

巴黎高等法院每有反抗君主藉得民心之舉，至
是尤力。不但反對國王所提之新稅，並謂"唯有全
級會議方有允許徵收永久國稅之權"。又謂"必俟國
民了然於國家財政狀況後，方可革除苛政而另闢財
源"。數日之後，乃請國王召集全級會議（Estates-
General）。以爲除召集國民外，別無他法。王不得已
下令於一七八九年五月一日開全級會議。

巴黎高等法院之反對新
稅及全級會議之召集

法國自一六一四年以後，卽無國會，故當時雖
人人高談全級會議之召集，迄少知其內容爲何者。法
國王遂請國內學者研究之。其結果則關於全級會議
之著作層出不窮，國民皆以先睹爲快。古代全級會
議之組織，實適於封建時代之國家。國內三級人
民——教士、貴族及第三級平民——之代表，其數
相等。其責任不在研究全國之利害，而在保護本級

全級會議之性質

127

之利益，故三級不聚於一院。凡有議案必待各級本身同意後，再各投一票以公決之。

此種制度之反對者　　此種制度之不適當，在一七八八年時之法國人類已知之。如依舊法以召集全級會議，則教士、貴族兩級代表之數必兩倍於國民全體之代表。而反對改革最力之教士及貴族，其表決權亦兩倍於平民。改革前途，寧有希望？是時復任財政大臣之 Necker 主張平民之代表應增至六百人，其數與教士貴族之數相等。唯各級不得同聚於一院。

人民之陳情表　　除表決權外，當日學者並提及全級會議應行提議之改革。同時，國王並下令全國人民詳陳其疾苦以備採納。其結果即法國革命時代最重要之“陳情表”（Cahier）也。凡國內各鎮各村均得具表以陳其所受苛政之苦及應加改良之處。讀者瀏覽一過，即知當日法國人民無一不抱改革舊制之希望，大革命之興起固非偶然矣。

國民之希望立憲君主　　國民陳情表中幾乎皆以君權無限為秕政之源。某表中之言曰：“吾人既知君權無限為國家禍患之源，故吾輩極望編訂憲法以規定人民之權利而且維持之。”蓋當時法國人民本不作廢止君主政體之夢想，若輩所希望者，君權有限，國會開會有定期，以決定國稅而保護民權，如是而已。

全級會議之開會　　一七八九年五月五日，各級代表開第一次會議於 Versailles。國王下令各級代表仍服一六一四年時代表所服之制服。然形式雖舊，精神已非。第三級代表不願依舊法以組織其會議，屢請教士、貴族之

代表來與平民代表合。貴族中之開明者及教士之大
部分均願允其請，然仍居少數。第三級代表不能再
忍，乃於六月十七日宣言自行組成國民議會（National　Assembly）。其理由以爲若輩所代表者，佔國
民百分之九十六，彼教士、貴族僅佔百分之四，置
之不理可也。歐洲大陸之變封建階級爲近世國民代
議機關者，當以此舉爲嚆矢。

法國王聽朝貴之言，令三級代表開聯席會議，王　網球場之誓
親蒞焉。詳述其改革之計畫，並令三級仍依舊制分
開會議。然第三級代表已於開會前三日（六月二十
日）集於鄰近網球場中宣誓“無論如何，必待憲法
成立而後散”。

故當國王下令分開會議時，少數教士及大部分　教士、貴族與平民代表
貴族均遵令而行，其餘則仍坐而不動。是時，禮官　聯合
命各代表應遵王命而去，代表中忽有 Mirabeau 其人
者，起言“非刀鋸在前者，則吾輩斷不離此地矣”。王
不得已，乃命教士、貴族與平民代表合開會議。

三級合議，實第一次國民之勝利。享有特權之　國民第一次之勝利
人竟不能不與第三級代表聯合，人各有表決之權。而
且國民議會既宣言必待憲法成立而後散，則此次開
會之目的，已不僅以整理財政爲限矣。

第二節　國民議會之改革
（一七八九年七月至十月）

國民議會既開會，遂一意於編訂憲法之舉，然其事業不久卽輟。蓋當時朝貴組織王黨，爲數雖少，然因接近君主之故，勢力極大。竭力反對改革事業之進行，尤不願國王之屈服於國民議會。蓋恐一己之特權有消滅之虞，一己之利益無保存之望也。主其事者爲王后 Maria Antoinette 及王弟 Artois 伯二人，國民議會所視爲驕橫無忌隱奪王權者也。王后輩曾因 Turgot 與 Calonne 主張改革之故而免其職，則聲勢洶洶之國民議會又焉可認其存在耶？

法國王頗贊成王黨之計畫。遂遣政府所募之瑞士兵及德國兵一隊入巴黎，以備解散議會時平定暴動之用。同時幷免雅負虛名之 Necker 之職。巴黎市民既睹兵士之入城，又聞 Necker 之免職，惶惑殊甚。羣集於 Palais Royal 花園中唧唧私議。其時有新聞記者名 Camille Desmoulins 者，奔入園中，立於桌上，宣言不久瑞士兵及德國兵將有屠殺全城“愛國者”之舉，力促市民急攜武器以自衞，並衞爲國宣勞之國民議會。市民聞之，莫不大震。是夕暴民羣集於通衢之上，凡購買軍器及飲食之商鋪無不被其劫略一空。時在七月十二日也。

至十四日，市民復行劫奪市中軍器之舉。有一
部分暴民向 Bastille 礮壘而去，以劫奪軍器為目的。其
時管理礮壘者為 de Launay 其人，堅執不允。同時並
架巨礮於壁壘之上為示威之舉，附近居民益形恐
慌。Bastille 礮壘原備拘禁用國土手詔所逮之人之
用。人民過之者以其為君主專制之標幟，莫不側目
而視。市民雖知該獄牆厚丈許，壁壘高聳，然仍行
攻擊之舉。繼與管理該獄之人商酌和平方法，市民
中頗有因之過吊橋而入內者。不意護獄之兵忽開槍
擊死市民約百人。市民益憤，攻繫亦益力。護獄之
兵士乃迫 de Launay 納降，唯以不得傷害獄兵為條
件。吊橋既下，暴民一擁而進。獄中囚犯僅有七人，遂
釋之使出。市民之暴烈者力主復槍斃市民百人之
仇，乃盡殺瑞士護兵及 de Launay，懸其首級於長槍
之上，游行於通衢之中。

攻擊 Bastille 獄（一七八九年七月十四日）

Bastille 獄之陷落為近世史中最足驚人之一
事，至今七月十四日尚為法國之國慶紀念日。巴黎
市民之反抗王黨以自衛，實始於此。君主專制之標
幟，至是遂倒，毀其牆，殺其守者。昔日森嚴可畏
之監獄，一旦夷為平地，所存者數堆白石而已。有
一七八九年七月十四日之暴動，舊制恢復之希望從
此永絕，不可謂非人類自由史上之一新紀元。王黨
中人，雖日以反對改革為事，然適足以促進改革之
成功。Bastille 獄既陷，王弟 Artois 伯遂逃亡在外，日
以唆使他國君主出兵保護 Louis 十六為事。

Bastille 獄陷落之關係

是時法國王已無維持巴黎秩序之能力。巴黎市

護國軍

民因不堪暴民之騷擾，乃組織"護國軍"（national guard）以自衛，並請 Lafayette 爲軍統。法國王自是遂無遣兵入巴黎之理由，而巴黎軍權乃入於中流社會（bourgeoisie）之手。

巴黎及各城城政府之建設

巴黎市民乃着手於城政府（Commune）之改組，選國民議會中人爲知事。其他諸城亦相繼仿行，多設委員會以代之，以促進革命之進步。並仿巴黎召募"護國軍"爲維持秩序之用。既而有國王已承認巴黎市民之舉動爲合法之消息，各城公民益信自治之正當。他日巴黎城政府之舉動，極有影響於革命，後再詳述之。

國內之騷擾

七月之末，全國大亂。人心皇皇，不可終日。其時忽有"刼匪"（brigands）將至之謠傳，鄉農聞之莫不驚恐。各地多急起籌畫自保之策。迨恐慌既過，方知所謂刼匪者并無其事。鄉農之注意，乃轉向於其所恨之舊制。羣集於空場之上或教堂之中，議決不再輸納封建之租稅，再行焚燬貴族城堡之舉。

八月四日至五日之夜

八月之初，鄉農之抗納租稅及焚燬城堡之消息達於國民議會。議會中人以爲若不急事更張，將無以平鄉農之怒。故於八月四日至五日之夜，國民議會中享有特權之階級中人以 Noailles 爲領袖，爭相放棄其特權。

廢止特權之議決案

先議決廢止貴族畋獵及養鴿之特權，又廢止什一之教稅。教士、貴族所享之免稅特權，亦從此剝奪之。又議決"凡公民及其財產均負納稅之義"，而且"所有公民，不拘門第，均有充任官吏之權"。並謂“廢止特權，既有關於國家之統一，故所有各地一切特權，概行永遠廢止，一以國法爲準”。

此案既公布，法國人民遂享平等一致之權利。昔日稅則不平之象亦永無恢復之機。從此國法一致，人民平等矣。數月之後，又議決廢止舊日之行政區域，分全國爲 departement。其數較舊日爲多，而以本地之山川爲名。昔日封建之遺跡至是掃地以盡。

統一國內諸部之政策

革命初期人民“陳情表”中，頗有提及公民權利應有明白之規定者，以爲如此則種種苛政與專制均將有以限制之也。國民議會因之有《人權宣言》(*The Declaration of the Rights of Man*)之議決。此宣言成於八月二十六日，爲歐洲史中最重要之文字。不但足以激起當日人民之熱忱，而且自此至一八四八年爲法國憲法中之精義及歐洲各國同樣宣言之模範，極足以反照歐洲當日之苛政焉。

人權宣言

《宣言》中所縷陳者，如“人生而平等且永久平等者也，社會階級當以公善爲唯一之根據。”“法律爲公意之表示。凡公民自身或其代表，均有參與立法之權”。“凡公民除因犯案及依據法定方法外不得被控、被逮或被拘”。“如人民意見之表示，不害法定秩序時，不得因有意見——包括宗教意見在內——而被擾”。“思想與意見之自由交通，爲人類最貴之權利。故凡公民均有言論、著作及出版之自由，唯須負法定濫用自由之責”。“凡公民自身或其代表，得議決納稅之必要，有自由允許之權，有明悉用途之權，有規定多寡徵收方法及久暫之權”。“社

《宣言》之內容

會有要求官吏行政負責之權"。觀此可知國民議會所謂"人類權利之被奪者已數百年"，若輩"此種《宣言》可以復興人道，永爲反對壓制人類者之戰聲"之言，洵非虛語。

第三節　移往巴黎之國民議會（一七八九年十月至一七九一年九月）

王黨之反抗計畫

法國王對於批准《人權宣言》一事頗形躊躇。十月初旬，國中忽有國王召集軍隊平定革命之謠。其時適有軍隊一連自 Flanders 調入，禁衛軍宴之於 Versailles。王后與焉。巴黎人相傳軍官於酒後將革命三色旗——紅、白、藍——擲於地而踐踏之。適是年秋收不足，民食缺少，巴黎市民益形蠢動。

巴黎市民侵入王宮並挾法王入巴黎

十月五日，巴黎女子數千人及攜有武器之男子紛紛向 Versailles 而進，Lafayette 率護國軍隨之。唯當暴民次晨侵入王宮時，幾加害於王后，而彼竟不加阻止，殊不可解。暴民宣言國王非與若輩同赴巴黎不可，王不得已允之。蓋人民之意，以爲國王入居巴黎，則人民得享昇平之福也。於是王入居 Tuileries 宮，實與監禁無異。國民議會亦隨之移入王宮鄰近之騎術學校中。

法王與議會遷入巴黎之惡果

王室與國民議會之遷移實革命中一大不幸之

事。蓋當日國民議會之改革事業並未告竣，而此後
之舉動無一不受旁聽席中暴民之牽制也。其時有
Marat 者，在其所辦之《民友報》（*The Friend of the
People*）中極言城中之貧民皆係"愛國之志士"。故
不久貧民皆抱仇視中流社會之意。偶有提倡"自
由"或痛罵"逆黨"者，羣奉之爲領袖，勢力雄厚，足
以操縱巴黎及在巴黎之議會而有餘矣。

　　數月之間，巴黎城尚稱安謐、國民議會乃壹、意於編訂新憲法。一七九〇年二月四日，法國王及其后親臨議會宣誓承認新定之政體。規定國王一面代天行道，一面遵守憲法，然全體國民當在法律之上，而法律則在國王之上。 新憲法之編訂

　　憲法中當然規定凡立法及徵稅之權均須操諸代議機關之手。至於代議機關，與國民議會同，與英國國會異，僅設一院。當時主張取兩院制者雖不乏人，然恐設立上院，則充議員者將屬諸教士及貴族，或且存恢復特權之心，故定採一院之制。又規定凡公民每年納稅等於其三日工資者方有選舉國會議員之權，故貧苦工人無參政之機會，與《人權宣言》未免相背。其結果則國家政權，漸握諸中流社會之手矣。 憲法中所規定之立法議會

　　國民議會之改革事業，除憲法外，尚有關於教會方面者。當日教會財力之雄厚幾難比擬。而高級教士之擁有鉅資，與下級教士之清貧困苦，本有天淵之別。故議會中人以爲欲救濟教士苦樂之不均與增進國家之收入，莫不籍沒教會之財產以歸公。而 教會之改革

仇視教會者又復欲推翻教會之獨立以爲快，卽舊教徒中亦頗有以此擧爲可以改革舊日之流弊者。

國民議會宣布教會財產之入官 教稅之廢止，已於八月間實行。教會每年之歲入因之減少銀幣六千萬元之則。一七八九年十一月二日，議會又宣布籍沒教會之財產，歸政府管理，唯政府須負維持教務教士及救濟平民之責。國內教士從此均唯國家之薪俸是賴。國內寺菴之財產，同時亦均沒收入官。

紙幣 不久，國民議會議決清查教會之財產而轉售之。唯因政府需款甚亟之故，故議決發行四萬兆佛郎之紙幣（Assignats）而以教會之財產爲擔保品。不久其價格日落，七年之間，大部分之紙幣，已同廢紙。

教士法 國民議會旣籍沒教會之財產，乃著手於教會之改組。其結果則有《教士法》（Civil Constitution of the Clergy）之規定，時一七九〇年七月也。將國內一百三十四主教教區，減之爲八十三，使與行政區域一致。每區設主教一人，由人民選擧之，有一定之俸給，各地教士亦不再由主教或地主派任之，而爲人民所公選。其俸給較昔日增加不少。在巴黎之教士，年俸六千佛郎，其他各處至少亦有一千二百佛郎，蓋已二倍於昔矣。最後，並規定凡教士授職之際，必如官吏然，須行宣誓忠於國家，忠於法律，忠於國君及盡力維持國民議會所定之憲法之禮。

反對《教士法》之規定者 《教士法》之規定，實爲國民議會之大錯。蓋教會雖有改良之必要，然正不必根本更張，方可辦到。主教區域旣強之減少，選擧教士者又復包有新教徒及猶太人，而對於素所信服之教皇又復加以藐視。凡此種種，均足以激起多數法國人之反抗。法國王雖有不得已而批准《教士法》之舉，然從此切齒於革命矣。

其時國內主教多反對新法之實行，思有以阻止之，國民議會遂於一七九〇年十一月二十七日議決，凡主教及牧師均須於一週之內執行宣誓之禮。凡不遵者均以辭職論。不辭職者，則以"擾亂和平者"對待之。

其時國內主教多反對新法之實行，思有以阻止之，國民議會遂於一七九〇年十一月二十七日議決，凡主教及牧師均須於一週之內執行宣誓之禮。凡不遵者均以辭職論。不辭職者，則以"擾亂和平者"對待之。 ·教士之宣誓

主教宣誓者僅得四人，而下級教士中僅佔三分之一。小區牧師之不服新法者得四萬六千人。不久，羅馬教皇下令禁止《教士法》之實行及教士之宣誓。政府對待不宣誓之教士漸趨嚴厲，實肇他日"恐怖時代"種種殘忍之基。爲自由、秩序及改革苛政而起之革命，至是一變而爲激烈、無教，較舊制尤爲苛虐之革命矣。 ·不宣誓之教士反對革命

Bastille 獄陷落之週年，巴黎舉行慶祝大典。各地多遣代表與會，以表示其同情。觀者無不感動。年餘之後，國民議會方解散而以新定之立法議會代之。 ·Bastille 獄陷落之慶祝

國民議會之開會先後凡二年有餘。爲期如此之促，成功如此之鉅，世界上殆無其匹。英國國會盡五百年之力而不克成功者，國民議會於二年間而成之。唯有 Joseph 第二之改革事業，或可與之比美。 ·國民議會之事業

國民議會之成功雖鉅，然其足以激起他人反抗之處亦正不少。法國王及其后與朝貴，與普魯士王及德國皇帝信札往來，促其干涉。逃亡在外之貴族 ·國民議會政策所激起之反抗

亦均力求外援以遂其捲土重來之志。至於教士則多以革命爲反對宗教之舉動，無不生仇視之心。加以巴黎及各大城之暴民多被激動而有反對國民議會之舉。以爲國民議會專爲中流社會謀福利，絕不顧及貧苦之人民。若輩對於 Lafayette 所統率之"護國軍"，尤爲側目。蓋軍士衣服都麗，且每有槍傷"愛國志士"之舉也。識者早知法國之在當日，大難之來，方興未艾矣。

第十章　第一次法蘭西共和國

第一節　立憲君主時代
（一七九一年至一七九二年）

法國革命之性質及其進行，已於前章詳述之。舊　第二次革命
制之廢止，國內之統一，人民之參政，皆革命之功
也。其改革事業之和平及全國人民之贊助，世界史
上殆無其匹。然不久而有第二次猛烈之革命，以致
君主政體一變而爲共和，並有種種過激之舉動，激
起多數國民之反抗，因之引起與外國之戰爭。內憂
外患，同時並進，遂產出革命中之"恐怖時代"。國
內政府有同虛設，擾亂之局幾至不可收拾，不得已
而屈服於一專制之武人，其專制較昔日之君主爲尤
甚。此人爲誰，卽 Napoleon Bonaparte 是也。然其結
果，不但將一七八九年之事業永遠保存，而且擴充
其事業於四鄰諸國。故當 Napoleon 失敗，Louis 十六
之兄入承大統時，卽以力維革命之功業爲其唯一之
政策云。

法國人民對於國民議會初期之改革極形滿　貴族之逃亡

139

足，舉行週年紀念之慶典，舉國若狂，上章曾提及
之。然國內貴族仍不願居於法國。王弟 Artois 伯、
Calonne、Condé 太子輩，於一七八九年七月十四日
後，即有逃亡之舉。嗣後貴族因焚燬城堡，廢止特
權及廢止世襲制而逃亡者，踵相接也。不久，逃亡
在外之貴族（émigré）有曾充軍官者，組織軍隊渡萊
茵河而南。Artois 伯並有入侵法國之計畫，極欲假列
強之力以推翻革命之事業，援助國王之復辟及恢復
貴族之特權。

逃亡貴族之行動反使法王失信於國民

逃亡在外之貴族既有恫嚇之舉，又有假借外力
之嫌，其行動遂影響於居在國內之同類。法國人民
以爲在外貴族之陰謀，必隱得國王及其后之贊助，蓋
其時德國皇帝而兼領奧大利者實爲后之兄 Leopold
第二其人也。加以國內不願宣誓之教士顯有反對革
命之意，故"愛國者"與反對革命者之間，其勢益
同冰炭。

Mirabeau 維持王政之失敗

假使法國王聽信 Miraheau 之言，則革命中或不
致有"恐怖時代"之發現。Mirabeau 之意以爲法國
須有一強有力之君主，並能遵守憲法，指導國會，維
持秩序，而尤以消除人民懷疑恢復特權爲最要。然
王及其后與國民議會均不聽信其言。彼於一七九一
年四月二日因荒淫無度而死，年僅四十三，從此遂
無人可爲法國王之參謀者。

法王之遁走

一七九一年六月，王攜其眷屬以遁，人民益疑
懼。王自批准《教士法》後即存避地之念。法國東
北境駐有軍隊，爲迎護國王之備。以爲王果能遁出

巴黎以與軍隊合，則不難聯絡德國皇帝而捲土重
來，以阻止革命之進步。不幸王及其后行至 Varen-
nes，離其目的地僅二十五英里許，中途被逮，遂返
巴黎。

　　王及其后之逃亡，國人聞之，既怒且懼。觀於　　法王逃亡之影響
人民之一憂一喜，足見其尚存忠愛君主之心。國民
議會偽言國王乃被人所迫而走，實非逃亡。然巴黎
人頗以國王此舉，有同叛國，非令其去位不可。法
國之有共和黨實始於此。

　　共和黨中之最負盛名者爲 Marat 其人。Marat　　共和黨之領袖
者，爲當時之名醫生，曾著科學書數種，至是主持
主張激烈之《民友報》。嘗在報中痛罵貴族及中流社
會中人，彼謂“人民”者乃指城市工人及鄉間農夫
而言者也。此外又有 Camille Desmoulins，卽曾於一
七八九年七月十二日演說於 Palais Royal 花園中者
也。彼亦爲主持報館之人，且爲 Cordeliers 俱樂部之
領袖，爲人和靄而有識。最後卽爲 Desmoulins 之
友，Danton 其人，面貌凶惡，聲音宏亮，極爲暴民
所信服。其識見不亞於 Marat，而出言不若 Marat 之
惡毒，然因其精力過人之故，遂有殘忍激烈之行。

　　一七九一年九月，國民議會二年來專心編訂之　　國民議會之閉會
憲法告竣。法國王宣誓忠於憲法，幷大赦天下，藉
以解除國人之誤會。國民議會至是遂閉會而以新憲
法中所規定之立法議會（Legislative Assembly）代
之，十月一日開會。

　　國民議會之事業雖盛，然法國之狀況愈形險　　立法議會開會時之憂患

惡。外有逃亡貴族之陰謀，內有不遵新法教士之反
對，而國王又陰通外國之君主以冀其干涉。當王及
其后在 Varennes 中途被逮之消息傳至德國皇帝 Leo-
pold 第二時，德國皇帝宣言法國王之被逮，足以證
明法國革命之非法，"有害於各國君主之尊嚴及政府
之威信"。乃與露西亞、英國、普魯士、西班牙、Naples
及 Sardinia 諸國君主協商"恢復法國王之名譽及自由
及阻止法國革命之過度"之方法。

Pillnitz 宣言　　　　八月二十七日，德國皇帝與普魯士王聯銜發出
Pillntiz 宣言，申明若輩依據法國王兄弟之意，已預
備聯絡其他各國之君主以援助法國王之復辟。同時
幷召集軍隊爲作戰計畫。

宣言之影響　　　　此次宣言不過一種恫嚇之文字而已，然法國人
民則以此爲歐洲各國君主有意恢復舊制之證據。無
論革命功業或且爲之敗於一旦，卽外力干涉之一
端，已爲法國人所不容。故宣言之結果，適足以促
進法國王之去位而已。

新聞紙　　　　法國自全級會議開會後，新聞紙蔚然興起。革
命熱忱之得能持久者，新聞紙之功居多。西部歐洲
諸國在"法國革命"以前，除英國外，類無所謂新
聞紙。偶有週刊或月刊以討論政治問題爲事者，每
爲政府所疾視。自一七八九年後，日刊新聞驟形發
達。有純屬表示個人主張者，如《民友報》是也。有
幷載國內外新聞與今日無異者，如《導
師》(Moniteur) 是也。王黨之機關報名《使徒之條
例》(The Acts of the Apostles) 立言尖刻而輕薄。新

聞紙中亦有畫報專在諷刺時事者，極饒興趣。

其時各種政治俱樂部中，以 Jacobin 俱樂部爲最Jacobin 黨
著。當國民議會遷入巴黎時，議員中有一部分租一
室於會場附近之 Jacobin 寺中。最初本僅百人，次日
人數驟倍。其目的在於討論國民議會中行將提出之
議案，決定本黨對於各種政策之態度。因此國民議
會中貴族代表之計畫，多被阻而不能行。俱樂部日
漸發達，於是即非議會中人亦得與於該部之會議。至
一七九一年十月，則無論何人均得入部旁聽。同時
并漸設支部於各地，而以巴黎爲中樞，一呼百應，極
足以激起全國之民心。當立法議會開會之初，Jacobin
黨人並非主張共和者，不過以爲君主之權力當與總
統相等耳。若國王而反對革命，則當令其去位。

立法議會既開會，對於各種困難實無應付之能立法議會中之政黨
力。蓋自國民議會中人議決不能再被選而爲立法議
員後，立法議會中人遂多年少不更事者。各地之 Jaco-
bin 俱樂部，每能用武力以選出其本黨中人，故立法
議會中以反對國王之人居其多數。

此外並有多數之青年法學者被選爲議員，其中Gironde 黨
著名者，多係 Gironde 他❶方之人，故世人遂以地名
名其黨。黨中人多善辯，亦主張共和者。然絕無政
治手腕以應付一切困難之問題。蓋亦能言不能行之
流亞❷也。

自法國王逃亡之事失敗後，其兄 Provence 伯遂宣布逃亡貴族爲叛國之
人

---

❶ "他"，當爲"地"。——編者註

❷ "亞"，疑爲"存"。——編者註

出國以與逃亡在外之貴族合，既嗾使德國皇帝與普魯士王發 Pillnitz 宣言，乃集其軍隊於萊茵河上。立法議會宣布“集於邊疆上之法國人”實犯陰謀叛國之嫌疑。令 Provence 伯於二個月內回國，否則削其繼統之權。其他貴族若於一七九二年一月一日以前，不能遵令返國者，則以叛國罪犯論，如被逮捕，處以死刑，並藉沒其財產。

對待不遵新法教士之嚴厲

立法議會處置貴族之嚴厲，實貴族自取其咎，非立法議會之過也。唯議會處置教士之殘虐則絕無理由，殊爲識者所不取。立法議會議決凡教士於一週內不遵新法宣誓者，則停其俸給以“嫌疑犯”（suspect）論。不久（一七九二年五月）下令逐國內不遵新法之教士於國外，因之大傷力助革命之下級教士之感情，而激起多數信奉舊教人民之反對。

立法議會啟外國之爭端

立法議會一年中之舉動，當以激起法國與奧大利之戰端爲最重要。其時議會中人多以當日之狀況爲不可忍。外有貴族擾亂之憂，內有國王反動之慮。故 Gironde 黨人力主與奧大利開戰。以爲唯有如此，方可謀國民感情之統一，明國王眞意之所在。蓋一旦戰端開始，則國王之態度如何，不難一目了然也。

第二節　第一次法蘭西共和國之建設

法國對奧大利之宣戰

法國王迫於立法議會之要求，乃於一七九二年四月二十二日與奧大利宣戰。彼 Gironde 黨中之少年律師，初不意有此一舉，遂開二十三年之歐洲戰局也。而且後半期之戰爭，雖已以擴充領土爲目的，然法國革命之原理能隱然遍傳於西部歐洲者，實權輿於此時。

其時法國軍隊本無戰鬥能力，蓋自充任軍官之貴族逃亡以後，軍隊組織久已瓦解。雖有護國軍，然僅能爲維持各地秩序之用，於戰略上絕無經驗。故法國軍隊入侵 Netherlands 時，一見奧大利之騎兵即不戰而潰。逃亡貴族聞之無不大喜，歐洲人亦以爲所謂"愛國志士"者，亦不過爾爾。

法軍入侵奧屬 Netherlands 之失敗

同時法國王之地位亦益趨險惡。立法議會議決議案二：一，令不願宣誓之教士於一月內出國；二，召募志願軍二萬人駐於巴黎城外，以資守衛。法國王否認之，並免 Gironde 黨國務大臣之職。此皆一七九二年五月至六月間事也。

法王否認議會之二案及免 Gironde 國務大臣之職

法國王對於議會之議案既有否認之舉，國人益憤。以爲此皆"奧大利婦人"或名"否認夫人"（Madame Veto）者一人所爲，而且並知王后果有將法國之行軍計畫，暗洩於奧大利之舉。六月間，巴黎暴民舉行示威運動，"愛國志士"中頗有侵入 Tuileries 宮中者。往來搜索"否認先生"（Monsieur Veto）。幸其時議會中人環繞法國王而立於窗下，王戴一紅色之"自由冠"（Liberty cap），向大衆祝國民之康健，暴民乃四散。王雖得不死，然亦險甚矣。

一七九二年六月二十日之暴動

巴黎暴民之擾亂王宮，歐洲各國君主益以爲所

普魯士軍隊之入侵

謂革命者實與無政府主義同。普魯士本於法國宣戰時卽與奧大利聯合者，至是 Brunswick 公遂率其軍隊向法國而進，以恢復法國王之自由爲目的。

宣布全國已陷於險境

於是立法議會於一七九二年七月十一日宣布全國已陷入險境，下令全國城鄉人民均須將其所藏之軍器或彈藥報告於各地政府，違者監禁之，並令全國人民一律戴三色之帽章，其意蓋在引起全國人民同仇敵愾之心也。

Brunswick 公之布告

當聯軍將近法國時，法國王不但無保護法國之能力，而且犯私通國敵之嫌疑。王之地位已有朝不保夕之勢。Brunswick 公之布告旣出，法國王去位之事益不可免。其布告於一七九二年七月二十五日以德國皇帝及普魯士王之名義行之，宣言聯軍以平定法國擾亂及恢復其國王權力爲目的；凡法國人有反抗聯軍之舉者，則以嚴厲之軍法從事，並焚燬其居室。如巴黎人民再侵犯國王及其后或有騷擾王宮之事，則巴黎必得屠城之禍。

Marseilles 之志願軍及其軍歌

其時巴黎之暴民頗欲強迫立法議會實行廢立國王之舉。召 Marseilles 之護國軍五百人來巴黎以援助之。兵士沿途高唱 Marseillaise 歌，慷慨動人，爲世界國歌之最。至今尚爲法國國歌。

Tuileries 宮之第二次被擾

Danton 輩決欲廢立國王而建設共和政體。八月十日，巴黎人民有第二次入侵王宮之舉。Marseilles 之軍隊實爲先驅。王及其后與其太子，事先遁入立法議會會場所在之騎術學校中，議會中人引之入居新聞記者旁聽席。宮中守衛之瑞士兵忽向叛黨開

鎗，卒以寡不敵之故全體被殺。於是暴民侵入宮
中，大肆劫略，殺死侍人無算。Napoleon Bonaparte
目覩其事，嘗謂若衞軍之將不死，則守護王宮或非
難事云。

同時，巴黎暴民佔據市政廳，逐市政廳評議員
而代之，巴黎城政府遂爲激烈黨人所佔有，乃遣人
要求立法議會實行廢立國王之舉。

巴黎之革命城政府

立法議會不得已允之。唯法國果欲變更其政
體，則昔日所定之君主憲法當然不適於用。故議決
召集憲法會議，商酌變更政體之方法。他日憲法會
議之事業，不但改訂憲法，統治國家，而且外禦強
鄰，內平亂黨，蓋卽法國革命中之"恐怖時代"也。

立法議會召集憲法會議

第三節　革命時代之戰爭

憲法會議於九月二十一日開會。其第一件議案
卽爲廢止君主，宣布共和。國人以爲此乃自由世紀
之黎明，專制君主之末日矣。乃易正朔，以一七九
二年九月二十二日爲"法國自由元年"（Year One of
French Liberty）之第一日。

法國宣布共和

同時，巴黎之城政府擅作威福，實行殘忍之
舉，而爲自由史上之污點。偽言巴黎城中逆黨密
布，下令逮捕之，因而公民無辜入獄者達三千人。當
九月二日及三日之間，殺死無算。其理由則謂"吾

九月殺戮（一七九二年）

人一旦出兵迎敵，彼三千囚犯，必且出獄以攻吾人之後矣"。此蓋城政府或恐民間仍有主張復辟之人，故假此以恫嚇之耳。

普魯士軍隊於被阻
Valmy

八月下旬，普魯士軍隊趨入法國境，於九月二日佔據 Verdum 礮壘。法國大將 Dumouriez 遇普魯士軍隊於 Valmy 而敗之，此地距巴黎蓋僅百英里而已。是時，普魯士王 Frederick William 第二本無久戰之意，而奧大利之軍隊又復逗遛不進，蓋兩國是時方有分割波蘭之事也。

法軍之戰績

因之法國軍隊雖無紀律，竟能抵禦普魯士之軍隊而擴充其勢力於國外，侵入德國境，佔據萊茵河畔之要塞，並佔據東南境之 Savoy。於是，Dumouriez 再率其服裝破爛之兵侵入奧大利所領之 Netherlands，於十一月六日敗奧大利軍隊於 Jemappes，遂佔有其全境。

憲法會議思擴充革命事
業於國外

憲法會議急思利用其軍隊，以擴充革命事業於國外。乃於一七九二年十二月十五日發布告於法國軍隊所佔諸地之人民曰："吾人已將爾輩之暴君逐出矣。爾輩若願爲自由之人者，則吾人當加以保護，使暴君不得報爾輩之仇。"所有封建徭役、不平賦稅及種種負擔，一律廢止。凡反對自由、平等或維護君主及特權者，則爲法國人之敵。

法王 Louis 十六之被殺

其時，憲法會議對於處置國王之方法，頗費躊躇。然多數以爲國王陰嗾外國之干涉，實犯大逆不道之罪。乃決議開庭以審判，之卒以多數之同意，處以死刑，於一七九三年一月二十一日殺之於刑臺之上。王臨刑時態度雍容嫻雅，見者莫不感動。然因其優柔寡斷之故，貽害於國家及歐洲者甚大。而法國人民之所以建設共和政體原非本心，亦王之無能有以促之矣。

　　法國王之被殺，無異法國對於歐洲列強之挑釁。列國聞之，莫不投袂而起以反對法國。英國政府之態度尤爲激烈，英國王 George 第三且爲法國王行喪禮，逐法國駐英國之使臣而出之。內閣總理 Pitt 宣言慘殺法國王之罪大惡極，實爲史上所未有。英國人尤慮法國人抱擴充領土之野心，以爲 Louis 十四之侵佔奧大利所領之 Netherlands 及荷蘭之計畫，行且復現。二月一日，Pitt 向下院宣言法國之革命足以擾亂歐洲之和平，故英國應與歐洲大陸各國合力以抗之。

法王被殺之影響

　　同日，憲法會議亦議決對英國及荷蘭二國宣戰。初不料加入聯軍最後之英國，竟爲反對法國最久之敵人。戰爭延長至二十餘年之久，迨 Napoleon Bonaparte 流入荒島後方止。自此以後，法國軍隊漸形失勢。蓋自一七九三年一月第二次分割波蘭後，奧大利、普魯士乃得專意於法國方面之戰爭也。

法國對英宣戰

　　是年三月，西班牙與神聖羅馬帝國亦加入同盟以抗法國，法國遂處於四面楚歌之境。三月十八日，奧大利軍大敗 Dumouriez 於 Neerwinden，逐法國軍隊於 Netherlands 之外。Dumouriez 既恨憲法會議之袖手旁觀，又不滿於國王之慘遭殺戮，遂率其軍隊數百人遁入敵中。

法軍之敗績及法將之遁走

同盟諸國提議瓜分法國	同盟軍既戰敗法國軍隊，乃發瓜分法國之議。奧大利應得法國北部一帶地，並以 Alsace 及 Lorraine 二地與 Bavaria，以其在奧大利境內之領土與奧大利。英國應得 Dunkirk 及法國所有之殖民地。露西亞之代表主張西班牙及 Sardinia 亦應稍分餘潤。"既分之後，吾輩應於殘餘法國國土內，建設穩固之君主政府。如此則法國將降爲第二等國家，不致再爲歐洲之患，而歐洲之導火線亦可從此消滅矣。"

第四節　"恐怖時代"
（The Reign of Terror）

公安委員會	法國人既喪失 Netherlands 一帶地，其名將又有降敵之舉，憲法會議中人莫不驚惶失措。內憂既迫，外患交乘；亡國之禍，近在眉睫。若必俟憲法告成，方謀建設以自衞，實屬緩不濟急。故組織一種強有力之政府以平定內亂而抵抗強鄰，實刻不容緩者也。於是憲法會議於一七九三年四月決議組織委員會，會員初本九人，後日增至十二人，卽著名之公安委員會（Committee of Public Safety）也。委員會中人曾言曰："吾輩欲推翻君主之專制，非建設自由之專制不可。"
Gironde 黨	其時憲法會議中黨派不一，有力者凡二：其一爲 Gironde 黨，以 Vergniaud、Brissot 等爲首領。黨

中人多長於辯才，而力主共和者。在一七九二年之
立法議會中極佔勢力，與奧大利及普魯士之宣戰即
為該黨之主張。以為唯有如此，方可明國王之態度
如何。然該黨黨人少應變之才，無指導之力，因此
聲勢漸衰，而山黨遂起而代之。

　　山黨（Mountain）為極端之共和黨，如 Danton、
Robespierre 及 Saint-Just 輩，皆黨中健者。凡國內之
Jacobin 俱樂部皆在其勢力範圍之下，同時并得巴黎
城政府之援助。若輩以為法國人民在君主政體之下
無異奴隸，故所有君主時代之遺制亟應一掃而空
之。應建設自由、平等、博愛之新國以代昔日君主
之專制、貴族之驕橫，及教士之詐偽。又謂法國人
之天性本皆良善，然亦仍有主張維持舊制者，若聽
其自在，則數年革命之功必且敗於一旦，故若輩對
於表同情於貴族或教士者，皆以"反革命
黨"（counter-revolutionary）目之。不惜用極形殘刻
之方法以除異己，而巴黎暴民實贊助之。

　　Gironde 黨極不滿於巴黎之暴民及其城政府，以
為巴黎不過法國之一城，焉得以一城而統治全國？
故提議解散城政府，并移憲法會議於他處以免受巴
黎暴民之牽制。山黨以此種主張足以破壞共和而推
翻革命，乃激動巴黎暴民以反抗之。六月二日，暴
民圍會場，城政府之代表要求逐 Gironde 黨人於會議
之外。

　　山黨及巴黎城政府之橫暴，漸為國人所不滿。正
當仇視敵愾之日，幾釀國內分裂之禍。反對山黨之

極端共和黨

Gironde 黨之被逐

法國之內亂

最力者，爲 Brittany 之農民，尤以 La Vendée 一區爲尤甚。該地人民多具愛戴君主及教士之忱，故不願出兵以助推翻王政及戮殺教士之共和。同時，Marseilles 及 Bordeaux 兩城亦頗怒山黨對待 Gironde 黨之太過，有反叛之舉。Lyons 城之商民尤痛恨 Jacobin 黨及共和，蓋該城本以產絲織品著名，一旦教士與貴族失其權勢，則絲品之銷場，爲之大減也。故當憲法會議要求出兵輸餉時，該城獨不奉命，且募軍萬人以抵抗之。

法國要塞之陷落　　同時法國之外敵，又進逼不已。一七九三年七月十日，奧大利軍隊攻陷其要塞 Condé。二週之後，英國人亦佔據 Valenciennes。同盟軍隊遂得有根據地於法國境，離巴黎僅百英里許，都城陷落，危在旦夕。普魯士人又逐法國軍隊出 Mayence 向 Alsace 而進。法國之海軍根據地 Toulon 亦擁太子叛，稱 Louis 十七，並請英國之海軍來援。

Carnot 組織軍隊　　至是，法國之共和政府已有朝不保夕之勢，而公安委員會竟能應付裕如，殊足令人驚歎。八月中，Carnot 入充公安委員，遂着手召募軍隊，不久而得七十五萬人，乃分爲十三軍以禦敵。每軍有監軍（deputies on mission）二人，蓋恐統軍之將復蹈一七九二年 Lafayette 及 Dumouriez 之故轍也，於是軍聲爲之復振。

法軍戰敗同盟軍　　是時，同盟軍竟不向巴黎而進。奧大利人專意於佔據沿邊之城鎮，英國人則西向以攻 Dunkirk。然法國軍隊不久敗英國軍隊於 Dunkirk 附近，而奧大利

人亦於十月間在 Wattignies 地方爲法國大將 Jourdan
所敗。其時 Frederick William 第二方有事於波
蘭，Brunswick 公之軍隊不甚猛進。故一七九三年之
冬，法國已無復外患。

公安委員會對於城市及 Vendée 農民之叛亂，亦
頗具平定之能力。先召回駐紮邊境之軍隊攻陷 Lyons
城，乃遣殘忍性成之 Collot d'Herbois 馳往懲辦之。五
月之間，市民被殺者凡二千人。同時憲法會議議決
夷其城，更其名爲 "自由城"（Commune affran-
chie）。幸其時遣往實行此議決案者爲 Robespierre 之
至友，僅毀城中房屋四十座而止。

城市叛亂之平定

Bordeaux 及 Marseilles 二城鑒於 Lyons 城被懲之
慘，遂不敢再抗憲法會議，允其代表之入城。二處
市民之被殺者各約三四百人。唯 Toulon 尚堅壁自
守。其時有無名之騎兵軍官名 Napoleon Bonaparte
者，力主佔據港外之海角以便礮擊港外之英國軍
艦。一七九三年十二月十九日，市民多登英國軍艦
遁，憲法會議之代表乃入城。

Bonaparte 在 Toulon

Vendée 之農民雖屢敗自巴黎遣來之護國軍，然
是年秋間，因兵力不支而敗，農民死者無算。憲法
會議代表之在 Nantes 城者殺死或淹死叛黨二千
人。革命中之慘酷事件，以此爲最，憲法會議乃召
回其代表而殺之。

Vendée 亂事之平定

公安委員會雖能外禦強鄰，內平叛亂，然革命
事業，終未告成。Vendée 農民及諸城之叛亂，足見
法國人多不滿於 Jacobin 黨。憲法會議之對於此輩，均

以"犯反對革命之嫌疑者"對待之。又以爲欲阻止國人之反對，莫若用恐怖之方法。故所謂"恐怖時代"者，乃革命黨之一種除敵方法也。其起訖時期雖無一定，然最烈時代，約十閲月自一七九三年九月至一七九四年七月。

革命法院　　Gironde 黨未敗以前，巴黎已設有特別司法機關，曰革命法院者（Revolutionary Tribunal），以審理革命中之嫌疑犯爲務。其初遇事愼重，處死刑者絕少。自城市叛亂以後，公安委員會於九月間新增委員二人，此二人曾與於九月殺戮之事者也。任爲委員，所以恫嚇反對革命之人也。同時并規定凡言語行動有反對自由之表示者，卽以"嫌疑犯"論。所有貴族及其父母妻子，如不表明其贊助革命之心跡者，概拘禁之。

王后之被殺　　十月間，王后 Marie Antoinette 被控，法院審之，卒處以死刑。同時，名人如 Roland 夫人及 Gironde 黨人亦多被殺。然受害最烈者仍推 Lyons 及 Nantes 二城，上已述及，茲不再贅。

第五節　恐怖時代之告終督政部

山黨之破裂　　不久，山黨內部忽有分裂之跡。Danton 本爲 Jacobin 黨人所心服者，至是頗厭流血之舉動，以爲恐怖主義已無存在之必要。同時，巴黎城政府之領袖曰

Hébert 者，態度激烈如故，以爲不如此則革命終難告成功。並主張廢止上帝而以"崇拜眞理"（reason）代之，乃以一女優裝眞理之神，坐於 Notre Dame 大教堂中之壇上，受人頂禮。

Robespierre 爲公安委員會之委員，對於温和及激烈兩派均不表其同情，頗以道德高尚，思想精深負時譽。彼與 Saint-Just 極醉心於 Rousseau 之學說，以冀光榮快樂共和國之實現。國內無貧富之階級，男女有自立之精神。生子五歲，即由國家教育之。國內建神廟以崇拜"永久"（Eternal）之自然神。國人須於定期中在廟中宣布其朋友爲誰。如無友或負情者，則流之遠方。

Robespierre 及 Saint-Just

Robespierre 因急於建設理想共和國之故，以 Danton 爲反對共和及革命之人，主張殺却之以爲快。又以 Hébert 之主張無神，有礙革命之前途，亦力主驅除使盡。其結果則温和及激烈二派之首領於一七九四年三月四月中，前後被殺。

Robespierre 之剗除異己

異己者既剗除殆盡，Robespierre 遂大權獨攬。然不能持久也。當彼將革命法院分爲四部以便辦事迅速時，憲法會議中人莫不人人自危，恐蹈 Danton 及 Hébert 之覆轍。故有陰謀反對之舉，嗾憲法會議下令逮捕之。七月二十七日，Robespierre 入議場方欲有所陳說，忽聞"推倒暴君"之呼聲。Robespierre 大驚，幾不能作聲。某議員起立大呼曰："渠之喉，已爲 Danton 之血所閉矣！"Robespierre 急求援於巴黎城政府，然終被憲法會議所逮，與 Saint-Just 同時就

Robespierre 之被殺

戮，時一七九四年七月二十七日也。此二人固熱心革命者，徒以過於急就，卒致身敗名裂，良可慨矣。

政局之反動

Robespierre 既被殺，國內遂無敢再主張恐怖主義者。國人厭亂，政局上之反動隨之以起。革命法院所殺之人數亦大形減少。不久，巴黎之城政府爲憲法會議所廢止，Jacobin 俱樂部亦被解散。

恐怖時代之回顧：第一步

"恐怖時代"之性質及其重要，讀史者每多所誤會，茲故不厭繁複，重總述之。當全級會議開會時，法國人仍忠於王室，不過希望政治之刷新、立法之參預、特權之廢止而已。貴族懼而遁，國王及其后又陰求外力之干涉。奧大利與普魯士之軍隊入侵法國，普魯士之軍統並要求恢復法國王室之自由，否則且燬巴黎城。巴黎得 Marseilles 城人之助，竟廢止君主，而憲法會議並決議殺之。當英國與奧大利之軍隊攻陷法國邊境要塞時，Lyons、 Marsailles 及 Toulon 諸城，與 Vendée 之農民，羣起作亂。憲法會議與公安委員會乃不得不用殘酷之方法以外禦強鄰，內平叛亂。

第二步

內憂外患，既皆消除，Robespierre 及 Saint-Just 輩，因欲建設其理想共和國，乃用殘忍方法以驅除異己，其結果則有第二步之 "恐怖時代"。

法人大部分不受恐怖時代之影響

讀史者須知當 "恐怖時代"，法國人之受其影響者甚少。卽以巴黎而論，亦並無人人自危之象。絕不致如 Dickens 輩小說家所言之甚。商業進行如故，公共娛樂場之擁擠亦如故。貴族之被殺者固多，而人民所受之影響，則仍絕少。

而且當"恐怖時代"憲法會議中人並不專注於 憲法會議之改革事業
"嫌疑犯"之逮捕。曾召集軍隊百萬以敗同盟軍，並
能實行國民會議所提之改革，又定初等教育之制爲
他日之模範。法典之編訂亦在此時，不過因 Napoleon
有增訂之舉，故其名爲彼一人所居耳。至於所定共
和歷，雖不久即廢，然其衡量之制，至今爲歐洲大
陸諸國所採用。

　　憲法會議之廢除舊制，未免有太過之處。如廢 廢除舊習之熱忱
止"先生"（Monsieur）、"太太"（Madame）之稱，而
以"公民"（Citizen）及"女公民"（Citizeness）代
之。巴黎城中街道之名帶君主臭味者，亦一律更改
之。並思均人民之貧富，乃籍沒貴族教士之財產分
售於貧民，故小康之地主爲之增加不少。一七九三
年五月，并通過《最大限律》（Law of the Maximum），
規定民食之價格，不得逾過各城政府所定之最高
價。不過因實行甚難，故無甚結果耳。

　　紙幣之價日落，限制幣價跌落之法日嚴，國內 紙幣價值之低落
金融，益形紊亂。當一七九六年時，紙幣之流通者
約四萬兆佛郎。一佛郎之現金，竟至值三百佛郎之
紙幣。

　　最後，憲法會議着手編訂憲法，蓋一七九二年 共和第二年之憲法
九月之召集憲法會議，其宗旨原在於此。憲法之首
冠以"人類及公民之權利及義務宣言"（Declaration of
the Rights and Duties of Man and the Citizen）。規定立
法機關爲二院制，曰五百人院（Council of Five Hun-
dred），曰元老院（Council of Elders）。爲元老院議員

者，須五十歲以上之男子，已娶妻或鰥居者。行政機關設督政部（Directory），由立法機關選舉五人組織之。

憲法尚未告竣，反對憲法會議者日益增多。其時中流社會重復得勢，極不滿於君主之廢止及暴民之專橫，故力主君主立憲之實現。憲法會議懼共和之傾覆，乃議決選舉新議員時，須於憲法會議議員中選出三之二。又深信軍隊之可恃，議決將新憲法交諸軍隊以求其同意，並召集軍隊使駐於巴黎附近，以維持選舉議員時之秩序。巴黎富民聞之，大怒，乃召募護國軍以攻之。

憲法會議急令 Napoleon Bonaparte 任保護會議之責。Bonaparte 率其軍隊駐會場外，巴黎之護國軍遂爲其所敗而潰，王黨之志乃不得逞。

第十一章　Napoleon Bonaparte

第一節　Bonaparte第一次入侵伊大利

　　當革命時代，法國軍隊之性質爲之大變。昔日　　軍隊之變性
充軍官者，皆係貴族。自 Bastille 獄陷落後，貴族逃
亡者踵相接也。其他如 Lafayette 及 Dumouriez 輩，初
本具贊助革命之熱忱，然自一七九二年後，相繼降
敵。又有因戰敗而爲監軍所殺者，如 Custine 及 Beau-
harnais（卽他日皇后 Josephine 之前夫）輩是也。舊
日之軍紀，至是蕩然無存。爲軍官者類多行伍出
身，每能不拘舊法以敗敵人。無論何人，凡具統軍
能力者，隨時可望爲上將。故 Moreau 以律師一躍而
爲名將，Murat 爲曾任店夥之人，Jourdan 則曾以販
布爲業者，蓋法國之軍隊，至是亦與國家同具民主
精神矣。

　　當時出身行伍之軍統，當以 Napoleon Bonaparte　　Napoleon 時代
爲最著。十五年間之歐洲史無異彼一人之傳記，故
世人名此期爲 Napoleon 時代。

　　Bonaparte 於一七六九年八月十五日生於 Corsica　　Napoleon 之家世

159

島中。此島雖於前一年入屬於法國，然彼實係伊大
利種。彼所用之語言亦係伊大利之語言。其父名 Carlo
Bonaparte，雖係貴族之後，仍從事律師之職務於島
中之 Ajaccio 鎮。共有子女八人，家貧幾無以自給，不
得已遣其最長之二子留學法國。長子名 Joseph，習
神學，次子 Napoleon 則入 Brienne 之陸軍學校習兵
學，時年僅十歲也。

Bonaparte 求學時代

　　Bonaparte 之在陸軍學校中者自一七七九年至一
七八四年，前後凡五六年。起居極清苦，頗惡同學
中之貴胄子弟。嘗致函其父曰：“我以清貧之故，常
爲無恥同學所竊笑，我實厭之。蓋若輩所以勝我
者，富而已，而我之思想高尚，則固遠出若輩之上
也。”不久，遂抱使 Corsica 島離法國而自立之志。

Bonaparte 在 Corsica 島
之政治陰謀

　　Bonaparte 既畢業於陸軍學校，乃得下尉之職。既
無財，又無勢，故無陞遷之望，不得已返 Corsica 島，一
在謀該島獨立之實行，一在謀維持家庭生活之方
法，蓋自其父去世後，家中境況益貧困不堪也。故
彼屢次告假回里以實現其獨立之陰謀。及革命既
起，其陰謀暴露，遂於一七九三年全家被逐，乃逃
入法國。

Bonaparte 之得勢

　　Bonaparte 逃入法國以後，二年之中，落泊無
定。Toulon 之役，頗獲微譽，然不願赴 La Vendée
以平其亂，仍居巴黎以待時機。二年後，其友 Barras
令其率兵入衛憲法會議，一生遭際造端於此。蓋
Barras 是時爲督政官之一，援引 Bonaparte 以入於縉
紳之列。彼不久卽遇 Beauharnais 之寡妻愛而娶之，卽

九年後之法國皇后 Josephine 也。

一七九六年春，督政部命 Bonaparte 率三師之一入伊大利。時年僅二十有七歲。其武功甚盛，直堪與古代 Alexander 比美。

當一七九三年時，歐洲各國之與法國爲敵者，有奧大利、普魯士、英國、荷蘭、西班牙、神聖羅馬帝國、Sardinia、Naples 王國及 Tuscany。同盟諸國聲勢雖大，然僅能佔據法國邊境之要塞，而不久復失。蓋是時普魯士及奧大利方有第三次分割波蘭之舉，無暇顧及法國之革命也。其時波蘭志士 Kosciusko 率波蘭人叛，於一七九四年四月逐露西亞之軍隊於 Warsaw 之外。Catherine 第二求援於普魯士王 Frederick William 第二。普魯士王允之，遂壹意於平靖波蘭之亂。英國之內閣總理 Pitt 輸鉅款於普魯士，請其留兵六萬於 Nethlerlands 以禦法國人。然普魯士軍隊並不盡力，卽奧大利亦因戰事失敗決意退出 Netherlands，以便專心於分割波蘭之舉。

英國人鑒於普魯士及奧大利態度之冷落，大爲失望。蓋英國之所以加入同盟軍者，一在援助普魯士及奧大利以維持均勢之局，一在維護 Netherlands 以阻止法國軍隊之入侵荷蘭也。一七九四年十月，奧大利軍隊退出萊茵河外；英國軍隊不得已亦自荷蘭退至 Hanover。荷蘭人頗有熱心共和者，故法國軍隊所至，無不聞風歸嚮。廢其世襲之行政首領（stadtholder），另建 Batavia 共和國，而受法國之節制。

自開戰以來，三年之間，法國人所征服者，有

Bonaparte 入侵伊大利

普魯士及奧大利在一七九四年時對法戰爭之冷淡

英國無力阻止法軍之進行

法國與普魯士及西班牙之和

161

奧大利所領之 Netherlands、Savoy 及 Nice 諸地，建 Batavia 共和國，並佔據德國西部之地以達於萊茵河。一七九五年四月，普魯士與法國媾和於 Basel，暗許法國人可以永有萊茵河左岸地，唯普魯士所受之損失，應有相當之賠償。三月之後，西班牙亦與法國和。一七九六年春，法國政府聽 Bonaparte 之言，發三軍分頭進攻奧大利都城 Vienna。Jourdan 率一軍向北溯 Main 河而進；Moreau 則經黑林（Black Forest）沿 Danube 河而下；Bonaparte 則入侵 Lombardy。

伊大利之分裂

伊大利政局之紊亂，與五十年前 Aix-la、Chapelle 和會時無異。統治 Naples 王國者，爲優柔寡斷之 Ferdinand 第四及其后 Caroline（法王后 Marie Antoinette 之姊）。在其北者，則有橫斷半島中部之教皇領土。Tuscany 之政府，和平而開明。Parma 公爲西班牙王族之親屬，Modena 公爲奧大利王族之親屬。純屬他國者爲 Lombardy，於西班牙王位承繼戰爭後入屬於奧大利者也。Venice 及 Genoa 兩共和國雖仍存在，然其國勢久已衰落。半島中最強之國當推 Sardinia 王國——包有 Piedmont、Savoy、Nice 及 Sardinia 島。

Bonaparte 逼 Sardinia 求和並入據 Milan

與 Bonaparte 爲敵者，有奧大利及 Sardinia 兩國之聯軍。Bonaparte 自 Savona 北進，以中截敵軍。逼 Sardinia 軍使之向 Turin 而退。Sardinia 不得已，割 Savoy 及 Nice 兩地於法國以和。Bonaparte 既無後顧之憂，乃沿 Po 河而下。奧大利軍隊懼法國軍隊或斷其後路，乃急向東而退，法國軍隊遂入佔 Milan，時在一七九六年五月十五日。

Bonaparte 入伊大利之始，宣言法國軍隊以驅除暴君爲宗旨，然法國政府仍望征服各地負維持軍隊之責。觀其與 Bonaparte 之訓示，尤屬顯然：“凡物之可爲吾用，而且因政情上不能不移動者毋任留在伊大利。”故 Bonaparte 入據 Milan 之後，不但令其輸款二千萬佛郎，而且令其交出美術品多種。Parma 及 Modena 兩公國亦納款於法國而以停戰爲條件。

法軍大肆刼掠

Bonaparte 率軍東向躡奧大利軍隊之後而敗之。奧大利軍隊一部分逃入 Mantua 城，蓋一極強固之要塞也。法國軍隊圍而攻之。七月下旬，奧大利援軍自 Tyrol 分三路而下。其數倍於法國軍隊，法國軍隊殊危急。Bonaparte 竟乘奧大利軍未聯合以前，一一敗之。五日之間，奧大利軍敗退，法國軍隊獲俘虜萬五千人。Bonaparte 乃決溯 Adige 河而上，中途又大敗奧大利軍於 Trent。奧大利將 Wurmser 思截法國軍隊之後，不意並其軍隊亦爲法國人圍入 Mantua 城中。

Mantua 之役

是年十一月，奧大利又遣二軍來解 Mantua 之圍，一沿 Adige 河，一沿 Piave 河。其自 Piave 河來者遇法國軍隊於 Arcole，相持三日，卒爲法國軍隊所敗。其他奧大利軍隊聞風而遁。次年一月，法國軍隊敗奧大利軍於 Rivoli，遂陷 Mantua，法國人乃得伊大利北部之地。

Arcole 及 Rivoli 之兩役

Bonaparte 既征服伊大利北部之地，乃率師直搗奧大利京 Vienna。一七九七年四月七日，法國軍距

Leoben 停戰條約（一七
九七年四月）

奧大利京僅八十英里許，奧大利將請停戰，Bonaparte
允之。蓋至是法國軍隊在外經年，離鄉已久，而且
Moreau 及 Jourdan 所率之二軍又復敗退至萊茵河左
岸也。至是年十月並有 Campo Formio 之和。

Campo Formio 和約

Campo Formio 之和約極足表示當日法國、奧大
利二國對待小國之蠻橫。奧大利割其屬地 Nether-
lands 於法國，並陰許助法國獲得萊茵河左岸地。奧
大利並承認 Bonaparte 在北部伊大利所建之 Cisalpine
共和國。此國之領土包有 Lombardy、Modena 公國、
教皇領土一部分及 Venice 之領土。奧大利得其餘之
Venice 領土。

Bonaparte 之行轅

當法國奧大利和議進行時，Bonaparte 設行轅於
Milan 附近之別墅內。軍官大吏，集於一堂，莫不以
得 Bonaparte 之一顧爲榮。蓋是時 Bonaparte 已隱抱
帝王思想矣。

Bonaparte 對於法人及其軍隊之觀念

Bonaparte 嘗謂：“吾之事業，實不足道。此不
過吾之境遇之發端耳。汝以爲吾在伊大利戰功，以
增加督政部諸律師之勢力爲目的耶？汝以爲吾之目
的在於建設共和國耶？此誠謬誤之觀念也！……督政
部解吾之兵柄可矣，夫而後方知誰是主人也。國家須
有首領者也，然所謂首領者，必以戰功著名，非彼富
於政治思想，言詞富麗，或高談哲理者，所能勝任者
也。”Bonaparte 所謂 “以戰功著名” 之首領，所指何
人，讀史者不難預測。昔日貧寒律師之次子，竟爲他
日法國之英雄，其處心積慮之跡，至此已彰明昭著矣。

Bonaparte 之特點

Bonaparte 身材矮小，長不滿五尺四寸，人極瘦

削。然其容貌動人，目含精氣，舉止敏捷，口若懸河，見者莫不驚服。其最勝人之處有二：一在思想精深；一在力能實踐。嘗告其友曰：“當吾任下尉時，吾每任吾腦盡其思索之能事，然後靜思實現吾之夢想之方法”云云。

Bonaparte 之成功，與其性情極有關係，蓋彼絕不顧其行爲之爲善爲惡者也。觀其行事，無論對於個人或對於國家，皆絕無道德上之觀念。而親友之愛情亦絕不足以阻其擴充個人勢力之雄心。此外，并具天賦之將才及忍勞耐苦之能力。

Bonaparte 之性情

Bonaparte 雖爲當日之奇才，然假使西部歐洲政情不如此之紊亂，則彼之鞭笞歐洲，亦正不能如此之易。蓋其時德國與伊大利均非統一之邦，勢成瓦解。四鄰諸國，弱小無能，其力本不足以自守。而且強國之間互相猜忌，初無一致之精神。故普魯士無力戰法國之心，奧大利有屢戰屢北之禍。

當日政情足以促進 Bonaparte 之成功

第二節　Bonaparte之得勢

Bonaparte 既與奧大利訂 Campo Formio 和約，乃返巴黎。鑒於當日法國人之態度，頗知一己之戰功雖鉅，國民尚未具擁戴之忱。又知久居巴黎，則昔日之名將將變爲庸碌之常人。欲保持其令名，則賦閒實非上策，因之有遠征埃及之計畫。其時英國、

遠征埃及之計畫

法國之間尚未休戰。Bonaparte 力陳遠征埃及之策於督政部，以爲果能征服埃及，則不但可奪英國人在地中海中之商權，而且可斷其東通印度之孔道。實則 Bonaparte 之存心，一欲仿古代 Alexander 之東征，一欲率法國之精銳遠赴埃及以陷督政部於無以自存之域，然後彼可樹救國之幟，幡然返國矣。督政部聽其言，命率精兵四萬并强盛之海軍往埃及。彼並聘科學家、工程師一百二十人隨之，負籌備他日殖民事業之責。

埃及之戰爭

一七九八年五月十九日，法國軍艦自 Tonlon 起程。因在夜中，故地中海中之英國軍艦絕無所覺。七月一日，抵 Alexandria 城，登岸，即大敗土耳其人於金字塔下。同時，英國大將 Nelson 所率之海軍方自 Syria 岸邊搜索法國軍隊不得而返，知法國軍艦屯於 Alexandria 港，遂擊而大敗之，時八月一日也。法國軍隊通歐洲之途乃絕。

Bonaparte 征略叙利亞

是時，土耳其政府已與法國宣戰，Bonaparte 擬由陸道以攻之。一七九九年春率兵向 Syria 而進，於 Acre 地方爲土耳其之陸軍及英國之海軍所敗。法國軍隊返埃及，疫癘大起，雖於六月中復奪 Cairo，而死傷者無算。不久，并擊敗方在 Alexandria 登岸之土耳其人。

其時，國情危險之消息達於埃及，Bonaparte 遂棄其軍隊而返國。蓋是時西部歐洲諸國組織新同盟以攻法國。北部伊大利之領土，亦復喪失殆盡。同盟軍入逼法國境，督政部已倉皇失措矣。Bonaparte

於一七九九年十月九日安抵法國。

法國督政部之腐敗無能，世所罕見。Bonaparte 遂與人陰謀傾覆之，擬不遵憲法另建新政府。此種方法，百年以來，盛行於法國，故卽在英國文中亦有法國文"政變"（Coup d'état）二字矣。Bonaparte 輩在國會中頗有多數之同志，在元老院中尤夥。於未實現其計畫之前，率兵入五百人院中以驅除異己者。其餘議員重開會議，以 Bonaparte 之弟 Lucien 爲主席。議決設執政官（consul）三人，Bonaparte 居其一焉。並令執政官與元老院及特派委員共同編訂新憲法。

新訂之憲法，複雜而詳盡。規定立法之機關凡四：一爲提議之機關，一爲討論之機關，一爲表決之機關，一爲議決法律是否與憲法牴觸之機關。然所有政治實權無不在 Bonaparte 一人之手，政府中之最重要機關，莫過於以國內名人組織而成之國務會議（Council of State），而以 Bonaparte 爲會長。

Bonapparte 之最大目的在於中央集權，凡各地政權皆握諸中央政府之手。故各省有省長一，省長之下有區長，區長之下有知事及警長，皆由第一執政官任命之。所有各地區長——Bonaparte 稱之爲"小第一執政官"——與王政時代之道尹（intendant）無異。實則新政府與 Louis 十四之政府頗有相同之處。他日雖有種種變遷，然至今尚爲法國政治組織之根據，尤足徵 Bonaparte 實具有政治之才也。

Bonaparte 之不信人民爲有參政之能力，與 Louis

十四同。彼以爲改革政體，僅問國民之可否已足矣。故彼有實行 "國民表決" 之舉。（Plebiscite）新憲法既告竣，乃令國民表決其可否。其結果則贊成者三百萬人，反對者僅一千五百六十二人而已。然當日法國人之贊助 Bonaparte 者並非多數，不過贊成新政府總較反對新政府之危險爲少耳。

法人贊成 Bonaparte 爲第一執政官

Bonaparte 以少年名將入據要津，法國人民因其能鞏固中央政權，故無非議之者。瑞典駐法國之使臣曾言："法國人之贊助 Bonaparte 較其贊助正統君主爲尤力，若彼不能利用此種機會以改良政府，則其罪誠不可恕也。蓋法國人民厭亂已久，祇求進步，不問政體之變更與否也。卽當日之王黨，亦以 Bonaparte 有光復舊物之心，無不悅服。其他亦以爲從此昇平之象，不難復見。卽共和黨人，亦並不反對也。"

第三節　第二次對法國之同盟

第二次同盟

當 Bonaparte 任第一執政官時，與法國交戰者有英國、露西亞、奧大利、土耳其及 Naples 諸國。先是自 Basel 及 Campo Formio 媾和後，英國獨力與法國戰。一七九八年，露西亞帝 Paul 忽有與英國聯合以攻法國之舉。Paul 於一七九六年卽位，其痛恨革命與其母 Catherine 同，而其出師攻法國則與其母異。奧大利則因 Bonaparte 不能履行 Campo Formio 條約之故，亦頗願重開戰事。至於土耳其，則因 Bonaparte 遠征埃及之故，故竟與其世仇露西亞合力以攻法國。

其時，法國盡力於建設共和國。先有荷蘭之變更政體，繼之以北部伊大利之 Cisalpine 共和國。法國人又激起 Genoa 人廢止其舊日之貴族政府而建設親近法國之 Liguria 共和國。

法國建設共和國於四鄰諸國

不久，羅馬城中人得 Bonaparte 之兄 Joseph 之援助，亦宣布羅馬爲共和國，蓋 Joseph 是時適爲法國駐羅馬之大使也。當城中叛亂時，有法國將被殺，法國督政部遂藉口率兵入羅馬。一七九八年二月十五日，羅馬城中之共和黨人集於市中宣布古代共和國之復興。法國遣往之特派員侮辱羅馬教皇備至，奪其手中之杖及環，令其即時出城去。法國人除得新國所輸之六千萬佛郎外，並將教皇宮內之美術品多種移往巴黎。

羅馬共和國

法國人之處置瑞士尤爲過當。瑞士各州之中，自昔即有爲他州之附庸者。Vaud 州中人不願仰 Berne 州之鼻息，乃求援於法國。一七九八年一月，法國軍入瑞士，敗 Berne 之軍隊，並佔其城（三月中）。奪其庫中所存八千萬元之鉅款，遂建設 Helvetic 共和國。Lucerne 湖畔之守舊諸州頗欲與法國人爲難，法國人對於反抗變更者，無不加以虐殺。

督政部之干涉瑞士

法國與列強之重開戰釁，實始於 Naples。蓋其地之后 Caroline 本係 Marie Antoinette 之姊，鑒於法

Naples 與法再戰及其改建共和國

國人之入據羅馬，頗惴惴不自安也。英國大將 Nelson 自在 Nile 河口戰敗法國海軍後，卽返駐 Naples，籌驅逐法國人於教皇領土之外之策。法國軍隊入 Naples，大敗之，時一七九八年十一月也。王族登英國軍艦遁走 Palermo，法國人遂於次年一月改建 Parthenopean 共和國，劫其國庫携其美術品而歸。

法人佔據 Piedmont

同時，法國人又佔據 Piedmont，逼其王退位。其王遁居 Sardinia 者十五年，他日 Bonaparte 失敗時，方返國。

法國已達到天然疆界

一七九九年春，法國軍隊頗有所向無敵之象。天然疆界，至是已如願以償，北得萊茵河左岸之奧大利領土 Netherlands 及神聖羅馬帝國之地，南得 Savoy 公國。其他又有臣服法國之共和國五——卽 Helvetic、Batavia、liguria、羅馬及 Cisalpine 是也。同時，Bonaparte 並已佔有埃及，向 Syria 而進以征服東方。

Suvaroff 及奧大利軍逐法人於伊大利之外

然不數月間，形勢忽變。法國軍隊在德國南部爲奧大利軍所敗而退至萊茵河畔。其在伊大利，則露西亞將 Suvaroff 逐法國人於北部伊大利之外。不久，與奧大利軍合力屢敗法國軍，圍其殘眾於 Genoa. Suvaroff 乃向北越山而進，方知其他來援之露西亞軍隊已爲法國人所敗。露西亞帝以爲軍隊之敗，係奧大利之陰謀有以致之，遂召其軍隊回國（一七九九年十月）並與奧大利絕交。

第四節　一八〇一年之昇平及德國之改組

一七九九年十一月，法國之督政部解散，改設
執政官三人。第一執政官深知國民之厭戰，乃於耶
穌聖誕之日具手書於英國王 George 第三及德國皇帝
Francis 第二，力言文明國間戰事頻仍之非是。"何必
爲虛榮而犧牲商業與昇平？和平豈非吾人之要着及
榮耀？"

英國內閣總理 Pitt 覆稱歐洲大陸之戰事咎在法
國。如法國人不表示和平之擔保，則英國人將無中
止戰爭之意。並謂最上之策莫過於請 Bourbon 族之
復辟云。奧大利之覆文雖較和婉，然亦不願與法國
言和。Bonaparte 遂密募軍隊以解 Genoa 之圍。

法國軍隊入伊大利之道，在昔或沿 Genoa 之海
岸，或越 Savoy 之 Alps 山。至是 Bonaparte 欲攻敵
之後，乃集其軍隊於瑞士，率之越 St. Bernard 嶺而
南下。其時山道險阻，步行不易，所有戰礮，均裝
入空木中曳之而行。一八〇〇年六月二日，抵 Milan
域，伊大利大驚。Bonaparte 遂恢復 Cisalpine 共和
國，再西向而進。

其時，Bonaparte 未悉奧大利軍隊之所在，乃於
六月十四目在 Marengo 附近地方分其軍爲數路而

第一執政官之主和

答覆之冷淡

BonaParte 越 St. Bernard 嶺

Marengo 之戰

171

進，命 Desaix 率一軍向南。奧大利之軍隊以全力來攻 Bonaparte 親率之軍。Desaix 聞鎗聲急率軍返，竟大敗奧大利人。Desai 雖陳亡，而法國軍隊固已獲勝矣。次日，兩方有休戰之約，奧大利軍退出 Mincio 河之外。法國復得 Lombardy 一帶地，令其地負供給法國軍餉之責。至於 Cisalpine 共和國，則月輸二百萬佛郎於法國。

Moreau 戰敗奧軍於 Hohenlinden 林

當 Bonaparte 預備越過 St. Bernard 嶺時，法國大將 Moreau 率一軍入德國之南部以斷奧大利軍入伊大利之路。數月後，當 Marengo 休戰條約期滿時，Moreau 率師向 Vienna 而進。十二月三日，遇奧大利軍於 Hohenlinden 林，大敗之，乃有一八〇一年二月之 Luneville 和約。

Luneville 和約

和約中之規定，大致與 Campo Formio 和約相似。法國仍得有奧大利屬之 Netherlands 及萊茵河左岸地，奧大利并承認 Batavia、Helvetic、Liguria 及 Cisalpine 諸共和國，Venice 仍附屬於奧大利。

一八〇一年之和平

奧大利既休戰，西部歐洲遂成息爭昇平之局。卽英國至是亦知繼續戰爭之無益，故自敗埃及之法國軍後，卽有與法國締結 Amiens 和約之舉。

一八〇一年諸約之結果

諸約之結果，類多暫而不久，而最要者，則有二端。第一，爲法國售 Louisiana 地方於美國。此地本係西班牙之領土，因西班牙與法國交換伊大利之利益而入於法國者也。第二，爲德國之改組，樹他日德意志帝國統一之基，因其關係重大，故詳述之如下。

據 Luneville 和約之規定，德國皇帝代表德國、奧大利二國承認法國人佔據萊茵河左岸地。德國、法國間以萊茵河爲界，自 Helvetic 共和國邊境起至 Batavia 共和國邊境止。其結果則德國小諸侯中之喪失領土者，數幾及百。

和約并規定凡世襲諸侯所失之領土，由德國皇帝另以帝國中之領土賠償之。凡非世襲者，如主教及寺院住持等，則予以終身之年金。至於城市，在昔雖極爲隆盛，至是已以等閒視之矣。

然當日帝國之內，已無隙地足爲賠償之資，乃奪主教寺院及自由城市之領土爲賠償世襲諸侯之用。此舉無異神聖羅爲帝國中之革命，蓋教會領土原甚廣大，一旦入官，極足以減少分裂之勢也。

德國皇帝派諸侯數人組織分配帝國領土之特別委員會。世襲諸侯多奔走於巴黎第一執政官及其大臣 Talleyrand 之間，以謀私利，奴顏婢膝，見者羞之。分配結果之報告名曰 *Reichsdeputationshauptschluss* 者，於一八○三年通過於德國公會。

所有教會之領土，除 Mayence 外，均被籍沒而歸諸世襲諸侯。皇城原有四十八處，至是存者僅六處而已。就中 Hamburg、Bremen 及 Lubeck 三城，至今尚爲德國聯邦之分子。特派員之分配領土，非地圖所可說明。茲故特舉數例以明之。

普魯士因失 Cleves 等地，乃得 Hidesheim 及 Paderborn 兩主教領土、Münster 主教領土之一部分、Mayence 選侯領土之一部分及 Mühlhausen、Nord-

法人獲得萊茵河西岸地之影響

世襲諸侯所得之賠償

以教會領土及自由城市爲賠償世襲諸侯之用

分配領土之委員會

教會領土及自由城市之消滅

分配領土之例

hausen 與 Goslar 三城——其面積四倍其所失。Bavaria 選侯因失萊茵河左岸地，故得 Mürzburg、Bamberg、Freising、Augsburg 及 Passau 諸主教領土，并得十二寺院住持之領士與十七自由城。奧大利得 Brixen 及 Trent 兩主教領土。其他多數之小諸侯，則予以片地或數千元之 Gulden 以安其心。Bonaparte 意欲兼併 Parma 及 Piedmont 兩地，故以 Tuscany 予 Parma，而以 Salzburg 主教領土予 Tuscany。

二百餘小邦之滅亡

據上所述者觀之，可以了然於當日德國內部分裂之情形及此次合併小邦之重要。萊茵河東諸國之被併者約一百十二國，河西之被併於法國者亦幾及百國云。

Bonaparte 結好南德諸邦之用意

德國國勢之衰微雖以此時爲最，然此次之兼併實肇他日中興之基。Bonaparte 之用意原在減少德國之勢力。其增加南部德國諸邦——Bavaria、Wurtemberg、Hesse 及 Baden 之領土，蓋欲另建"第三德國"以與普魯士及奧大利相峙而或鼎足之局也。其計畫雖能實現以滿其希望，然實伏六十七年後德意志統一之機，此又非 Bonaparte 意料所及者矣。

第十二章 歐洲與Napoleon

第一節 Bonaparte恢復法國之 秩序及隆盛

Bonaparte 不但善於用兵，亦且長於政治。當彼得勢之日，正法國經過十年變亂之秋。先之以"恐怖時代"之騷擾，繼之以督政時代之腐敗。國民議會之改革既未告成功，革命之事業亦半途中輟。通衢大道，盜賊成羣，海港橋梁，壅塞塌毀，工業不振，商業大衰。

督政部時代法國之擾亂

財政狀況，尤不堪問。國內擾亂過甚，故當一八〇〇年時，國家幾毫無賦稅之收入。革命時代之紙幣幾同廢紙，督政政府已瀕破產。第一執政官與其大臣籌畫種種補救之方法，並令各地官吏督促新法之實行。改良警察制度，嚴懲匪盜。規定稅率，而如期徵收之。漸儲的款以備償還國債之用，政府信用漸形恢復。國債擔保品易以新者，並設國家銀行以振興商業。督政部之處置教士及貴族之財產頗爲失當，故政府所得者極微。至是亦力加整頓，收入

紙幣

175

較裕。

政府與教會之關係

革命政府種種設施之失敗，以對待教會爲最。當國民議會宣布《教士法》後，對於不宣誓之教士極其虐待。不久，Hébert 有崇拜眞理之主張，Robespierre 有自然神教之創設。故一七九五年時，舊教教堂均有重開之舉，而憲法會議亦於是年二月二十一日宣言政府以後不再干涉國內之宗教，不再負擔教士之俸給，全國人民均得享信教之自由。於是全國教士多從事於教會之改組。然教士之供職如常者雖不乏人，而憲法會議及督政部中人之對於不宣誓之教士，虐待如昔。教士之被放或被拘者仍不一而足也。

Bonaparte 希望教會之援助

Bonaparte 雖係深信自然神教之人，然深知獲得教會及教皇之援助，異常重要。故任第一執政官後，即注意於解決宗教上之困難。凡教士之被拘者，如允許不反對憲法，皆釋放之。流亡在外之教士多連袂返國，恢復已廢之禮拜日。所有國慶紀念日，除七月十四日及九月二十二日外，一概廢止。

一八〇一年之宗教條約

一八〇一年，法國政府與羅馬教皇締結《宗教條約》，其效力竟達百餘年之久。約中聲言羅馬舊教既爲法國大部人民所信奉，則其一切儀式，當然可以自由遵守；教皇與法國政府應協同規劃法國之教區；凡主教由第一執政官任命之，唯須得教皇之認可至於下級教士則由主教選任之。凡主教及下級教士之薪俸均由政府供給，唯須宣誓遵守共和國之憲法。凡教會財產之尚未售去者仍交還主教，唯已售去之財產教皇不得干涉之。

實則 Bonaparte 並無使政教分離之意，蓋第一執政官既有任命主教之權，則教會隱爲政府之附屬機關也。教皇雖有認可之權，然易流爲一種形式而已。主教所選之教士不得有反對政府之態度；教皇之命令，非得法國政府之允許，不得頒布於國中。

Bonaparte 使教會附屬於政府

一八〇一年之《宗教條約》雖頗有與昔日王政時代相同者，然自革命而後，教會之種種舊制已爲之一掃而空。如教會領土、封建權利、什一之稅、修道士之制、教會法院、宗教專制、虐殺異端之權利等，無不廢除殆盡。而 Bonaparte 亦初無恢復此種舊制之心也。

教會所受革命之影響

至對於逃亡在外之貴族，Bonaparte 下令不得再增其人數於名冊之上。同時並於冊中注銷其姓名，或交還其財產。恢復貴族親友之公權。一八〇二年四月，下大赦之令，因之貴族返國者約四萬戶云。

逃亡在外貴族之返國

"恐怖時代"之種種新習亦漸廢止。國人復用"先生""太太"等稱號以代"公民"或"女公民"。街道之名，概復其舊。昔日貴族之尊稱仍許延用。Tuileries 宮中之生活亦與王室無異。蓋 Bonaparte 至是已不啻法國之君主矣。

舊習之恢復

法國自革命以來，國內紛糾，已十餘載。人民厭亂之心早已昭著。一旦有人焉，戰勝強鄰於國外，恢復秩序於國中，郅治之隆，指日可待，其加惠國民爲何如耶！法國人生息於專制政體之下者已非一日，則其愛戴 Bonaparte 也，豈非勢所必至者耶！

法國人民之愛戴

Bonaparte 一生之事業以《法典》爲最著。昔日

Napoleon 法典

紊亂之法律，雖屢經革命時代各立法機關之修訂，然未成統系。Bonaparte 知其然也，乃特派數人任修訂之責。初稿既成，乃提出國務會議討論之，第一執政官尤具卓識。其結果即爲世界著名之《Napoleon 法典》。應用之者，不僅法國而已，即萊茵河畔之普魯士、Bavaria、Baden 荷蘭、比利時、伊大利、北美洲之 Louisiana 州諸地之法律，亦莫不以此爲根據。此外並編訂刑法及商法。各種《法典》無不有平等主義貫澈其中，法國革命之利益，遂因之遠播於國外。

BonaParte 之稱帝改名
爲 Napoleon 第一

Bonaparte 生性專制，而法國自一七九九年十一月九日政變以後，所謂共和政府徒有其名而已。Bonaparte 屢屢改訂共和之憲法，隱集政權於彼之一身。一八〇二年，被選爲終身執政官，並有選擇後任者之權利。然此尚不足以滿其意。彼既有帝王之實，並望居帝王之名。深信君主之政體，雅慕君主之威儀。其時，王黨中人有陰謀傾覆 Bonaparte 之舉，彼遂有所藉口而爲稱帝之要求。示意於上議院，令其勸進。一八〇四年五月，上議院上尊號，並予 Bonaparte 之子孫以世襲之權。

Tuileries 新宫

是年十二月二日，Bonaparte 加冕於 Notre Dame 大禮拜堂，改稱法國皇帝 Napoleon 第一。教皇躬自羅馬來觀禮，Bonaparte 不待教皇之舉手，即自加其冕，以示其不服教皇之意。重修 Tuileries 宫以爲新君起居之所。請 Sègur 及 Madame de Campan 二人入宫中任指導宫廷儀節之責。又新定貴爵以代一七九〇年所廢之貴族制。封其叔爲大施賑官（Grand

Almoner），任 Talleyrand 爲御前侍從官長（Lord High Chamberlain），Duroc 爲巡警總監（High Constable），任大將十四人爲法國元帥。共和黨人見之，有痛恨者，亦有竊笑者，Napoleon 不之顧也。

Napoleon 卽位以後，漸形專橫，尤惡他人之評論。當其任執政官時，舊日新聞紙之被封者已屬甚多，並不許人民之新設報社。至是查禁尤厲，凡消息均由警察機關供給之，對於皇帝不敢稍有非議。並下令“凡有害於法國之新聞，一概不得登載”。除政府公報外，彼固不願有其他報紙之存在也。

出版物之檢查

第二節　Napoleon滅神聖羅馬帝國

法國人雖大都厭亂，然 Napoleon 爲維持其地位起見，有不能不戰之苦。一八〇二年夏間，曾向國務會議言曰：“假使西部歐洲諸國有重開戰端之意者，則愈速愈妙，蓋爲日過久，則若輩漸忘其失敗之恥，吾人亦且減戰勝之榮也……法國所要者乃光榮之事業，則戰爭尚矣……鄰國而欲和平也，吾亦何嘗不願，然一旦有戰爭之必要，則吾且先發制人矣……就法國現狀而論，吾以爲所謂和平條約者，不過停戰條約而已，而吾之將來必以繼續戰爭爲事者也。”

Napoleon 對戰爭之意見

一八〇四年，Napoleon 曾向人言：“歐洲若不統

Napoleon 欲爲歐洲之皇帝

治於一人之下，則將來永無和平之一日——必有皇
帝一人，以各國國王爲其官吏，分各國領土於諸
將，凡伊大利、Bavaria、瑞士、荷蘭諸國均應封一
人爲王，而兼爲皇帝之官吏。"此種理想，不久卽有
實現之一日。

英國、法國間雖於一八〇二年三月有 Amiens 之
約，然常有破裂之虞。求其理由，不一而足。言其
著者，則 Napoleon 顯有征服歐洲之野心，而對於輸
入法國領土之貨物，又復重征關稅。英國工商界中
人莫不驚懼。英國人固極願和平，然和平適足以增
進法國商業之發達以不利於英國。此英國之所以終
以戰勝法國爲目的也。故其他各國皆有與法國媾和
之舉，而英國則自與法國重啓戰端以後，直至法國
皇帝爲俘虜時，方罷干戈云。

一八〇三年五月，英國、法國兩國間之戰端爲
之重啓。Napoleon 急率兵戰據 Hanover，宣布封鎖自
Hanover 至 Otranto 間之海岸。荷蘭、西班牙及 Liguria
共和國，均令其供給軍隊或餉糈，而禁止英國船隻
之入其海港。

不久 Napoleon 遣軍駐 Boulogne，此地與英國僅
隔一峽，朝發可以夕至，英國人大恐。彼並集多數
船隻於港外，日以登船下船諸法訓練兵士，入侵英
國之意，昭然若揭。然英國、法國間之海峽雖狹，而
風濤險惡，船渡不易，運送大隊兵士幾不可能。至
於 Napoleon 是否眞有入侵英國之意雖不可知，謂其
爲歐洲大陸戰爭之備，亦未可料。然英國人已飽受

英國反對Napoleon之理由

一八〇三年英法間戰端之再啓

Napoleon 擬入侵英國

虛驚矣。

一八〇三年八月，露西亞新帝 Alexander 第一有調和英國法國之舉。Napoleon 不允。次年，Napoleon 並有入侵他國之預備，同時並以 Enghien 公陰謀傾覆 Napoleon 之故而殺之。露西亞皇帝大憤，乃與英國聯盟以驅逐法國人於荷蘭、瑞士、伊大利及 Hanover 諸國之外爲目的，時一八〇五年四月也。至於歐洲政局，則開一國際公會以解決之。

奧大利鑑於 Napoleon 之發展北部伊大利，足爲己患，乃急加入露西亞與英國之同盟。蓋一八〇五年五月，Napoleon 自稱爲伊大利王，並合併 Liguria 共和國於法國。當日並謠傳法國有攫奪奧大利領土 Venice 之意。普魯士王 Frederick William 第三庸懦保守，不敢加入反對法國之同盟。然同時法國雖有割讓 Hanover 於普魯士之意，普魯士王亦終不敢與 Napoleon 攜手，卒以嚴守中立之故，喪失甚鉅。

Napoleon 極欲擴充其海上勢力以凌駕英國人之上，蓋英國軍艦一日駐守英國之海峽，則法國軍隊一日無渡海入英國之望也。然英國海軍竟能包圍法國，使不得逞。法國入侵英國之舉從此絕望。一八〇五年八月二十七日，Napoleon 不得已移駐在 Boulogne 之軍隊向南部德國而進，以與奧大利軍對壘。

Napoleon 故意集其軍隊於 Strassburg 附近，奧大利將 Mack 率軍直趨 Ulm 以禦之。不意法國軍隧實繞道北方 Mayence 及 Coblenz 諸地而東。十月十四日，佔據 Munich 以截奧大利軍之後路。是月二十

Alexander 第一與英聯合

奧大利加入聯盟，普魯士嚴守中立

Napoleon 專意於奧大利

Ulm 之戰及 Vienna 之陷落

181

日，奧大利將 Mack 所率之軍被圍於 Ulm，不得已納降，全軍六萬餘人被虜，法國軍士死傷者僅數百人而已。法國軍隊乃向 Vienna 而進，是月三十一日入其城。

Austerlitz 之戰

德國皇帝 Francis 第二聞法國軍隊之東來，急離其城都向北而遁，以便與露西亞之援軍合，奧大利與露西亞之聯軍決與法國軍隊一戰，乃駐軍於 Austerlitz 村附近小山之上。十二月二日，露西亞軍隊下山攻法國軍，法國軍急佔其山以攻露西亞軍之後。聯軍大敗，淹死於山下小湖中者無算。露西亞帝率其殘軍以退，德國皇帝不得已與法國締 Pressburg 之約，時十二月二十六日也。

Pressburg 和約

和約中規定奧大利承認 Napoleon 在伊大利一切之變更，並割讓 Campo Formio 約中規定奧大利屬 Venice 領土於伊大利王國。奧大利並割讓 Tyrol 於 Bavaria，並割其他領土以與 Wurtemberg 及 Baden，蓋凡此諸邦，皆與法國交好者也。Francis 第二并以神聖羅馬皇帝之地位，進封 Bavaria 及 Wurtemberg 兩地之諸侯爲王，與 Baden 公同享有統治之權，其地位與奧大利及普魯士之君主等。

萊茵河同盟

Pressburg 和約於德國史上極有關係。蓋諸大邦既離帝國而獨立，實肇他日組織同盟援助法國之基。

一八〇六年夏，Bavaria、Wurtemberg 及 Baden 與其他十三邦，果有同盟之組織，名萊茵河同盟（Confederation of the Rhine），受法國皇帝之保護。并供給軍隊六萬三千人，由法國人訓練之，備 Napoleon 戰爭之用。

八月一日，Napoleon 向在 Ratisbon 之神聖羅馬
帝國公會宣言曰：“吾之所以願受萊茵河同盟保護者
之稱號，本爲法國人及其鄰國之利害起見。至於神
聖羅馬帝國名存實亡，實不能再認其存在。而且國
內諸邦，多已獨立，若任帝國之繼續，不且益滋紛
擾耶？”

德國皇帝 Francis 第二與昔日諸帝同，兼領奧大
利之領土。兼稱匈牙利、Bohemia、Croatia、Galicia
及 Laodomeria 諸地之王，Lorraine、Venice、Salzburg
諸地之公，等等。當 Napoleon 稱帝時，Francis 第二
遂棄其繁複之稱號，而以較簡之世襲奧大利皇帝及
匈牙利王代之。

自 Pressburg 和約締結以來，德國南部有萊茵河
同盟之組織。德國皇帝 Francis 第二深知所謂神聖羅
馬皇帝者，已同虛設，故於一八〇六年八月六日有
退位之舉。一千八百年來之羅馬帝國，至是遂亡。

Napoleon 壹心於建設“眞正法蘭西帝國”，使四
鄰諸國均入附於法國爲目的。Austerlitz 戰後，卽宣
言廢 Naples 王 Ferdinand 第四。幷遣將入南部伊大利
“以逐其罪婦於御座之外”。蓋因王后 Caroline 有聯
絡英國人之舉也。三月中，封其兄 Joseph 爲 Naples
及 Siciéy 之王，封其弟 Louis 爲荷蘭之王。

Napoleon 不認神聖羅馬
帝國之存在

神聖羅馬皇帝之改稱號

Francis 第二之退位及神
聖羅馬帝國之滅亡

Napoleon 之分封其兄弟

第三節　普魯士之失敗

普魯士之被逼而戰　　　普魯士爲歐洲大陸強國之一，自一七九五年來，卽與法國媾和而嚴守中立。當一八〇五年時，露西亞帝曾勸其聯合以攻法國，普魯士王不聽。至是被 Napoleon 所逼，不得已再與法國戰，然已陷於孤立無助之境矣。

Hanover 問題　　　此次戰事重開之近因，卽爲 Hanover 之處置問題。該地當時本暫由 Frederick William 第三負管理之責。一俟英國人同意，卽可入屬於普魯士。Hanover 介於並普魯士新舊領土之間，故普魯士王急欲佔爲己有也。

Napoleon 對待普魯士之傲慢　　　Napoleon 遂利用此種機會以圖私利。彼既使普魯士大傷英國人之感情，並允許以 Hanover 與普魯士，同時並向英國王 George 第三表示交還 Hanover 於英國之意。普魯士人大憤，迫其王與法國宣戰，王不得已允之。

普魯士軍隊在 Jena 爲法軍所敗　　　其時統率普魯士軍隊者爲宿將 Brunswick 公。一八〇六年十月十四日，於 Jena 地方爲法國軍隊所敗。普魯士人莫不驚惶失措。沿途要塞，類多不戰而陷，其王亦遠遁於露西亞邊疆之上。

波蘭之役　　　Napoleon 既戰勝普魯士，乃於一八〇六年十一月率兵入舊日波蘭境，以與露西亞及普魯士之聯軍戰，敗之於 Friedland 地方。一八○七年六月二十五日，露西亞皇帝與 Napoleon 會晤於 Niemen 河中木筏之上。商訂法國、露西亞、普魯士三國間之《Tilsit 條約》。露西亞皇帝 Alexander 第一至是已爲法國皇帝所折服，棄其同盟之普魯士，助法國以攻英國。

Napoleon 既戰勝普魯士，遂奪其 Elbe 河西之地，及第二、第三兩次分割波蘭所得之領土。普魯士於 Tilsit 條約中承認之。Napoleon 遂建 Warsaw 大公國，以其友 Saxony 王兼治之。在西部則建 Westphalia 王國，以予其弟 Jerome。

至於 Napoleon 之對待露西亞，其態度極爲和平。彼提議法國與露西亞間應結同盟以爲平分歐洲大陸之計。露西亞皇帝允許其分裂普魯士，並承認其在西部歐洲方面之各種改革事業。並謂假使英國王不願與法國講和，則露西亞當助法國以攻英國，並令丹麥及葡萄牙諸國禁止英國船隻之入港。果能如是，則英國與西部歐洲之交通，當然爲之斷絕。同時，Napoleon 並許露西亞皇帝奪取瑞典之 Finland，及土耳其之 Moldavia 及 Wallachia 諸省。

露法間之祕密同盟條約

第四節　大陸封港政策

Napoleon 之商訂《Tilsit 條約》，顯然抱有摧殘英國之深心。蓋彼自行軍以來，在歐洲大陸之上，所

Napoleon 摧殘英國商業之計畫

向無敵，而在海上，則屢遭挫敗，心實不甘。一七
九八年彼本目睹法國之海軍盡殲於 Nile 河口之
外。一八○五年，當彼預備入侵英國時，法國之海
軍艦隊，又被困於 Brest 及 Cadiz 之二港。當彼大敗
奧大利軍於 Ulm 之日，正英國大將 Nelson 大敗法國
海軍於 Trafalga 之秋。Napoleon 深知以兵力入侵英
國，勢所不可，故遂壹意以摧殘英國之工商業爲
務。以爲絕英國人與大陸貿易之道，必可以斷英國
人致富之源也。

Napoleon 之柏林命令

一八○六年，英國宣布封鎖自 Elbe 河口至 Brest
之海港。Napoleon 戰勝普魯士後，於同年十一月頒
發《柏林命令》，宣言英國"絕無公平之觀念及人類
文明之高尚感情"。并謂英國人本無實力，而乃竟有
封港之宣言，實係濫肆淫威，罪在不赦，乃亦宣布
封鎖英國之三島。凡寄往英國或用英國文所書之信
札及包裹一概禁止其郵遞。歐洲大陸諸國之附屬於
法國者，不得與英國貿易。凡英國人之居於法國及
其同盟諸國者，均以俘虜待之，並籍沒其財產爲合
法之戰利品。實則 Napoleon 及其同盟並無實力以期
其封鎖政策之實行，所謂封鎖者，亦不過"紙面封
鎖"（Paper blockade）而已。

Milan 命令

一年之後，英國對於法國及其同盟之海港，亦
宣布同樣之紙面封鎖。唯中立國之船隻，如經過英
國之海港，須領有英國政府之護照及繳納出口稅
者，方得通行無阻。一八○七年十二月，Napoleon
頒發《Milan 命令》，宣言無論何國之船隻，凡服從

英國之規定者，均作敵船論，被法國船隻拘獲時，卽籍沒之。此種政策之影響，中立國中以北美洲合衆國所受者爲最巨。故是年十二月，美國政府有禁止船隻離國之令。嗣因損失過鉅，故於一八〇九年卽復開與歐洲通商之禁。唯英國、法國兩國之商船，不得駛入美國云。

Napoleon 極信封鎖政策之可行。不久，英國一金磅之價格，由二十五佛郎跌至十七佛郎。英國商人亦頗有懇求政府與法國媾和之舉。Napoleon 益喜。彼又欲陷英國於一蹶不振之域，乃有使歐洲不仰給於殖民地之計畫。提倡以苦苣代咖啡，種植蘿蔔以代蔗糖，發明各種染料以代靛青及洋紅。然大陸封港，維持不易，歐洲大陸人民，多感不便，Napoleon 乃不得不用嚴厲方法以求其實行。不得不擴充領土以伸長其海岸線。他日失敗之禍，未始非大陸封鎖之制有以致之。

Napoleon 欲使歐洲不仰給於殖民地

第五節　Napoleon之最得意時代
（一八〇八年至一八一二年）

法國人所受 Napoleon 之惠極厚。秩序之恢復，及一七八九年革命事業之保存，皆彼一人之力也。彼雖犧牲多數法國之青年於戰場之上；然其武功之盛，國勢之隆，足以使全國之人民，躊躇滿志。

Napoleon 對國內之政策

建築　　　　　　　　Napoleon 欲以改良公共之事業爲獲得民心之具，故沿萊茵河、地中海及 Alps 山諸地，修築通衢大道，以便行旅；卽在今日，見者尤讚歎不止焉。廣闢巴黎城內之大道，修 Seine 河上之船埠。造宏大之橋梁，建雄壯之凱旋門。中古黑暗之巴黎，遂一變而爲近世美麗之都會矣。

一八〇六年設大學　　Napoleon 欲使法國人永久愛戴之，乃有改革全國學校之舉。一八〇六年組織“大學”。所謂“大學”者，實無異全國教育董事部。其教科自小學以至大學皆備。“大學”之長，曰“總監督”（grand master），其下有評議會，以三十人組織之，專任編製全國學校規則、編纂教科書及任免全國教師諸責。“大學”並有甚鉅之基金，並設師範學校爲培養師資之用。

欽定問答體教科書　　政府得隨時干涉學校之教授；地方官吏須隨時視察各地之學校，報告其狀況於內務大臣。“大學”所編之第一冊教科書名《欽定問答體教科書》。書中要旨，有“基督教徒應感激其君主，而吾輩尤應敬愛、服從、忠順吾國皇帝 Napoleon 第一，從戎納稅以維護帝國及其帝位。吾人並應爲皇帝之安全及國家之隆盛，上求天祐”等語。

貴族及勳位　　　　　Napoleon 不特建設新官爵，而且定“榮譽團”（Legion of Honor）之制，凡有功於國家者，皆命之爲團員。彼所封之“親王”（princes）均得年金二十萬佛郎。國務大臣、上院議員、國務會議會員及大主教，皆封之爲“伯”，年得三萬佛郎。至於武臣之年俸，亦甚豐鉅，其有功勛者則賜以“榮譽團”勳章。

Napoleon 之專制，與時俱進。政治犯之被逮者不下三千五百人。批評政府或謾罵皇帝者，每罹被逮之禍。曾下令改《Bonaparte 史》之書名爲《Napoleon 大帝戰役史》。並禁止德國城市中不得演 Schiller 及 Goethe 所編之戲劇。蓋恐其激起德國人愛國之心而有叛亂之舉也。

自 Napoleon 得勢以來，所與抗者不過各國之政府而已。至於人民之對於當日各種政變，則漠不經心焉。然一旦民族精神激起以後，則法國皇帝之政制必有瓦解之一日。故 Napoleon 第一次之挫折竟來自民間，又豈彼之始料所及哉？

Napoleon 自 Tilsit 條約後，卽專注於西班牙半島。彼與西班牙之王室原甚和好，唯葡萄牙仍與英國交通，允英國船隻得以自由入港。一八〇七年十月，Napoleon 令葡萄牙政府向英國宣戰，並令其籍沒所有英國人之財產。葡萄牙僅允宣戰，Napoleon 遂遣 Junot 率兵往。葡萄牙王室乘英國船遁往南美洲之 Brazil。法國軍隊遂佔據葡萄牙，事雖輕易，然卒爲 Napoleon 平生最失策之一事。

當時西班牙王室之內，亦起紛爭，Napoleon 遂思合併之以爲己有。一八〇八年春，召其王 Charles 第四及其太子 Ferdinand 赴 Bayonne 來會。Napoleon 力勸其退位，西班牙王不得已從之。六月六日，Napoleon 封其兄 Joseph 爲西班牙王。而以其妹夫 Murat 繼 Joseph 入王 Naples。

西班牙之叛

Joseph 於七月間入 Madrid。西班牙人因法國人之廢其太子也，羣起作亂。國內修道士亦以法國皇帝爲侮辱教皇壓制教會之人，煽動人民以反抗之，敗法國軍隊於 Bailén 地方。同時，英國人又敗法國軍隊於葡萄牙境內。七月下旬，Joseph 及法國軍隊退至 Ebro 河以外。

西班牙之征服

十一月，法國皇帝率精兵二十萬人親征西班牙。西班牙軍隊僅有十萬人，兵窮糧缺。加之前次戰勝，趾高氣揚。法國軍隊所向披靡，十二月四日入其京城。

Napoleon 在西班牙之改革

Napoleon 既征服西班牙，遂下令廢止所有舊日之遺制，許人民以職業上之自由。裁撤異端裁判所，並沒收其財產。封禁全國之寺院，留存者僅三分之一而已。禁止人民不得再有入寺修道之舉。廢止國內各省之稅界，移稅關於境邊之上。凡此種種，頗足以表明 Napoleon 以武力傳播革命原理之功績。

法軍不得不久駐於西班牙

不久，Napoleon 卽返巴黎，蓋將有事於奧大利也。Joseph 之王位殊不鞏固，蓋西班牙之"亂戰"（Guerilla），極足以擾亂法國軍隊而有餘也。

奧大利之侵法

Napoleon 既與露西亞結好，奧大利大懼，蓋恐一旦法國軍隊平定西班牙之亂，卽將有東征奧大利之舉也。且奧大利之軍隊曾經改革，其兵士亦大有加增，故決於 Napleon 專心於西班牙時，乘虛以入侵法國，時一八〇九年四月也。

Napoleon 急向東而進，敗奧大利軍隊於 Bavaria，直擣奧大利京。然其戰功，不如一八〇五年時之速而且鉅。五月二十一日至二十二日，法國軍隊竟於 Aspern 地方爲奧大利軍隊所敗。七月五日至六日，方敗奧大利軍於京城附近之 Wagram。奧大利不得已求和。十月中訂 Vienna 和約。

Aspern 及 Wagram 之二役

奧大利聲言此次戰爭之目的，在於傾覆 Napoleon 之屬國制與恢復昔日之原狀。自 Wagram 戰後，奧大利反割地以與 Bavaria；割 Galicia 以與 Warsaw 大公國；並割 Adriatic 海岸之地以與 Napoleon，名其地曰 Illyrian 省，直隸於法蘭西帝國。

Vienna

其時，奧大利之內閣總理 Metternich 極欲與法國修好。主張奧大利之王室應與法國皇帝聯姻。Napoleon 亦頗以無嗣爲憂。皇后 Josephine 既無出，乃與之離婚。一八一〇年四月，娶奧大利公主 Maria Louisa 爲后，不久生太子，稱爲"羅馬王"。

Napoleon 之再娶

Napoleon 方與奧大利戰爭時，宣言"重合"教皇之領土於法蘭西帝國。彼以爲昔日法國先帝 Charlemagne 予教皇以領土，今爲法國安寧起見，不得不收回以重合於法國云。

Napoleon 重合教皇之領土於法

荷蘭曾改建爲王國，由 Napoleon 之弟 Louis 統治之。Louis 與其兄之意見，向來不合，Napoleon 遂於一八一〇年合併荷蘭及北部德國一帶地——包有 Bremen、Hamburg 及 Lubeck 諸城——於法國。

合併荷蘭及 Hansa 同盟諸城

至是 Napoleon 之勢力已達極盛之域。西部歐洲諸國，除英國外，無不仰其鼻息。法國境界，北濱

Napoleon 勢力極盛時代

Baltic 海，南達 Naples 灣，並包有 Adriatic 海邊一帶地。法國皇帝並兼伊大利王及萊茵河同盟之保護者。其兄爲西班牙王，其妹夫爲 Naples 王。波蘭中興，改建 Warsaw 大公國，而附屬於法國。奧大利之國土日促一日。法國區域之廣，皇帝勢力之宏，歐洲史上，殆無其匹。

第六節　Napoleon 之敗亡

Napoleon 事業之不穩

Napoleon 雖才兼文武，然欲維持其帝國於不敝，迄無方法。彼雖力能屈服西部歐洲諸國之君主，而不能阻止蒸蒸日上之民族精神。蓋西班牙、德國及伊大利之人民，至是均以屈服於法國皇帝之下爲可恥也。而且歐洲列強之中，不服法國者尚有二國——卽英國及露西亞是也。

在西班牙之英人（一八〇八年至一八一二年）

英國人不特不因大陸封鎖以與法國求和，而且屢敗法國之海軍，漸登歐洲大陸以與法國戰。一八〇八年八月，英國大將 Wellington 公率軍隊於葡萄牙登陸。逐 Junot 及法國軍隊於葡萄牙之外。當次年 Napoleon 有事於東方時，英國軍隊侵入西班牙，大敗法國軍。英國軍隊乃退回葡萄牙，修築要塞砲台於 Lisbon 附近之海角上，以爲行軍之根據地。法國軍隊駐守西班牙者凡三十萬人。故 Napoleon 實未嘗征服西班牙，而西班牙之戰爭適足以消耗法國軍隊之精華，而壯敵人之膽。

歐洲大陸諸國中，唯露西亞始終不受法國之束　　Napoleon 與 Alexander
約。至是兩國仍尚遵守 Tilsit 條約之規定。然兩國之　第一之關係
間頗多誤會。蓋 Napoleon 不但不助露西亞以獲得
Danube 河諸省於土耳其人之手，而且陰破壞之。加
以 Napoleon 或有再造波蘭王國之心，將爲露西亞他
日之患。

然最困難者，莫過於露西亞之不願遵守大陸封　　露西亞不能遵守大陸封
鎖制。露西亞皇帝雖願根據 Tilsit 條約，不允英國船　鎖政策
隻之入港，然不願並禁中立國之商船。蓋露西亞之
天產物不能不設法以銷售於他國，同時又不能不輸
入英國製造品及熱帶上之天產品也。故露西亞人之
生活及安寧，不得不有賴於中立國之船隻。

Napoleon 以爲露西亞之舉動，極足以妨礙大陸　　Napoleon 決意入侵露西
封鎖政策之實行，遂有入侵露西亞之預備。一八一　亞
二年，彼以爲東征之時機已至。其時廷臣中頗有以
越國過都，危險殊甚爲言者。Napoleon 不聽，乃募
集新軍五十萬人屯駐露西亞邊境之上，以爲作戰之
備。軍中類多年少之法國人及同盟諸國之軍隊。

Napoleon 東征露西亞之困難情形，茲不細述。彼　　露西亞之戰後
以爲征服露西亞，非三年不可。然不得不與露西亞
戰而獲勝一次。露西亞軍隊不戰而退，沿途焚掠一
空。法國人深入以追逐之。九月七日，兩軍戰於
Borodino 地方。法國軍人勝，七日後入其舊都
Moscow。然兵士之死亡者，已達十萬餘人矣。法國
軍隊將抵露西亞舊京之前，城中大火，昔日富庶之

區，頓變荒涼之地。法國人旣入城，絕無養生之資，不得已而退。時值隆冬，天寒食缺。沿途復受露西亞人民之蹂躪，法國軍士死亡相繼，悲慘之劇，殆無倫匹。十二月，返奪波蘭，法國軍隊之存者，僅得二萬人而已。

Napoleon 召募新軍

Napoleon 旣返巴黎，偽言東征之法國軍，現尚無恙。實則兵士之死亡者，其數甚鉅，不得不召募新軍六十萬人以繼續其戰事。新軍中除年老兵士外，並募有至一八一四年方可入伍之兵士十五萬人。

普魯士所受之苦痛

Napoleon 之同盟離叛最早者，厥唯普魯士，蓋非偶然。普魯士所受之苦痛，不一而足。Napoleon 旣奪其地，並侮辱其政府，迫普魯士王流其能臣 Stein 於國外。凡普魯士有改革之舉，則設法阻止之。

普魯士 Jena 戰後之改革事業

普魯士雖經 Frederick 大王之改革，然在 Jena 之戰以前，國內狀況，頗似中古。農民地位，猶是佃奴。社會之中，猶分階級——貴族、市民、農民。各級間之土地，不得互相交易。旣有 Jena 之戰，又有 Tilsit 之約，普魯士之領土，喪失殊鉅，國人頗有歸咎於舊制之不善者。雖普魯士之君主及其廷臣，並無澈底改革之意，然 Baron von Stein 及 Hardenberg 親王輩，力主維新，其結果則政府亦不得不從事於改革之舉。

佃奴制之廢止

一八〇七年十月，普魯士王下令"除去阻止個人力能獲得幸福之障礙"。癈佃奴及階級制。無論何人均得自由購買土地。

近世普魯士軍隊之起源

普魯士舊日 Frederick 大王之軍隊，至 Jena 戰

後，元氣大傷。Tilsit 訂約後，普魯士遂從事於軍隊
之改革，以實行全國皆兵之制爲目的。Napoleon 僅
許普魯士養兵四萬二千人，而普魯士之改革家，則
常常添募新兵，令退伍者爲後備兵。故軍隊之數目
雖有限制，而不久已得能戰之兵十五萬人。此制他
日風行於歐洲大陸各國，爲一九一四年大戰時各國
軍隊之根據。

　　佃奴及階級諸制既廢，普魯士人頗注意於激起　Fichtei 演講
民族精神之舉。此種運動之領袖，爲著名哲學家
Fichte 其人。彼於 Jena 戰後，一八○七年至一八○
八年間，在柏林舉行公衆之演講。彼以爲德國人實
爲世界人民之最優者。其他諸民族，皆已盛極而
衰；世界之將來，非德國人莫屬。因德國人天賦獨
厚，必有爲世界領袖之一日。又謂德國語言文字之
優壯，遠勝於弱懦之法國文及伊大利文，雄辯滔
滔，聞者莫不感動。以後德國之著作家、經濟學家、
哲學家及教士，莫不追隨 Fichte 之後，盡力於養成
自重輕人之習。

　　歐洲大戰以前之柏林大學，建設於一八一○　柏林大學之設立
年，爲世界最著最大高等教育機關之一。第一年入
學之學生，僅四百五十八人而已。學生中組織“進
德同盟”（League of Virtue）以提倡愛國仇法爲主。普
魯士人民同仇敵愾之心，大爲激起。

　　當 Napoleon 東征露西亞時，普魯士所供給之軍　Yorck 之叛離
隊，由 Yorck 統率之。因未與戰事，故其軍未敗。迨
Napoleon 自 Moscow 敗退時，Yorck 遂叛，倒戈以助

露西亞。

普魯士與露西亞反攻 Napoleon

普魯士王鑒於 Yorck 之行動及被公意之逼迫，不得已於一八一三年二月二十七日與露西亞訂同盟之約。露西亞允許必俟普魯士恢復 Jena 戰前領土後，方罷干戈。普魯士以第二、第三兩次分割波蘭所得之領土割讓於露西亞，而得德國北部之地。此條規定，關係甚大。三月十七日 Frederick William 第三下令於“我之人民”——Brandenburg 人、普魯士人、Silesia 人、Pomerania 人及 Lithuania 人——應鑒於西班牙人以驅逐外國暴君爲職志。

Saxony 之戰役

假使奧大利、伊大利及萊茵河同盟，仍能援助 Napoleon 者，則彼之地位，正未易搖動。一八一三年，Napoleon 率新軍向 Leipzig 而進，以攻普魯士與露西亞之聯軍。於五月二日敗聯軍於 Lützen 地方，乃長驅直入 Saxony 都城 Dresden。於八月二十六日至二十七日之間有最後 Dresden 之戰。聯軍又復大敗。

奧大利與瑞典反攻 Napoleon

Napoleon 之地位漸形搖動，Metternich 之友誼亦漸形冷落。Metternich 之意，以爲 Napoleon 若能放棄其一八〇六年後所得領土之一部分，則奧大利與法國間之同盟，不難維持永久。Napoleon 不允，奧大利遂與聯軍合攻之，同時瑞典亦加入聯軍，遣兵入北部德國。

Leipzig 之役

Napoleon 既知露西亞、普魯士、奧大利及瑞典，有聯合來攻之舉，急向 Leipzig 而退。於此地與聯軍戰，先後凡四日（十月十六日至十九日），法國軍隊大敗，死傷不下十二萬人。即德國人所謂“民

族之戰"（Battle of Nations）是也。Napoleon 既敗，萊
茵河同盟先叛。Jerome 棄 Westphalia 王國而遁，荷
蘭人亦起逐國內之法國軍。英國大將 Wellington 援助
西班牙以逐法國人，至一八一三年冬，西班牙境內
已無法國人足跡。Wellington 遂能越 Pyrenees 山以侵
入法國境。

Napoleon 雖敗，聯軍諸國尚欲與之言和，而以 　聯軍入佔巴黎
Napoleon 放棄法國以外之領土爲條件。Napoleon 不
允。聯軍遂侵入法國境，於三月三十一日攻陷巴
黎。Napoleon 不得已退職，聯軍許其仍得用帝號，退
居 Elba 島。稱號雖尊，實同俘虜，法國 Bourbon 系
乃有復辟之舉。

法國王既復辟，一切措施頗不滿法國人民之 　Napoleon 之返國
意，同時聯盟各國又復互相猜忌，未能一致。Napoleon
聞之，遂於一八一五年三月一日遁出 Elba 島而返
國。軍隊頗有聞風來會者。至於人民之態度雖不反
對，然無熱忱。蓋 Napoleon 雖以和平自由諸主義相
號召，已不足以取信於國人。且聯盟各國雖有互相
猜忌之跡，然其仇視 Napoleon 則始終一致。故法國
皇帝返國時，聯盟各國遂合力以驅逐之。

Napoleon 聞英國大將 Wellington 及普魯士大將 　Waterloo 之戰
Blücher 已率軍抵 Netherlands，乃急親率新軍以禦
之。戰敗普魯士之軍隊。英國軍隊駐於 Waterloo,
Napoleon 於六月十八日率軍攻之。英國軍隊幾不能
支，幸普魯士軍來援，遂大敗法國軍。

Napoleon 既敗，乃向海岸而遁。然英國軍艦林 　Napoleon 被流

立，不可復進，不得已投入英國船。其意以爲英國人或有寬容之意。不意英國政府仍以俘虜待之，流之於 St. Helena 島中。居此六年而卒，時一八二一年五月五日也。

於 St. Helena 島

　　"Napoleon 之被拘於 St. Helena 島。在歐洲通史上，生出二種神情。被拘一事，不但使後人念末路之英雄，生同情之感慨；而且使讀史者常想其功業之盛，而忘其暴厲之行……舊日偉人，竟流於萬里重洋之外，歿於荒凉窮島之中，至今尚令人嘗於海市蜃樓中見 Napoleon 其人也。"

第四卷

自 Vienna 會議至普法戰爭

第十三章　Vienna會議及歐洲之再造

第一節　Vienna會議及其事業

改造歐洲地圖之困難　　　　Napoleon 敗亡以後，改造歐洲之地圖異常困難。數百年來之舊境，莫不因連年戰爭之故，一掃而空。古國之滅亡者，不可勝數——如 Venice、Genoa、Piedmont 教皇領土、荷蘭及無數德國中之小邦。凡此諸國，或合併於法國、或合併於鄰邦，或改建爲新國——如伊大利王國，如 Westphalia 王國、如萊茵河同盟、如 Warsaw 大公國。其他舊國，除英國、露西亞外，均能擴充疆土，更易君主，或變更制度。Napoleon 退位後，亡國君主之要求恢復者不一而足。英國、奧大利、露西亞、普魯士四國，挾戰勝之餘威，自居於公斷者之地位。然諸國以自私自利爲心，處置不能公允。

第一次巴黎和約　　　　困難較小之處，已於第一次巴黎和約中（一八一四年五月三十日）解決之。如允 Louis 十六之兄 Provence 伯，復辟稱 Louis 十八。法國疆界，本許其

得仍一七九二年十一月一日之舊，後因 Napoleon 自
Elba 島返國，法國人迎立之故，故奪其 Savoy 之地。又
議建 Netherlands 王國，以 Orange 族統治之。德國諸
小邦聯合而成同盟。承認瑞士之獨立。並恢復伊大
利諸王國。至於重要問題，則留與秋間 Vienna 會議
解決之。

Vienna 會議之政策，與舊日同，一本強國之主
張，不問人民之意向。聯盟諸國議決建設荷蘭王
國。並因防禦法國入侵起見，以奧大利所領之 Nether-
lands 予之。其不顧兩地語言、習俗及宗教之不同，正
與昔日西班牙與奧大利之以武力征服之者無異。

荷蘭王國並得奧屬 Netherlandso

德國內部領土問題之解決，驟視之頗爲困難，而
處置並不棘手。國內除小諸侯及教士外，對於一八
〇三年之事業，已無復稍存異心者。神聖羅馬帝國
之恢復亦皆視爲無望。然德國人均知餘存三十八邦
有聯合之必要。故三十八邦遂建一極其疏弛之同
盟，許昔日萊茵河同盟中諸國仍得享舊日之權利。昔
日萊茵河西之德國領土，四分五裂，形同瓦解，致
法國人常存思逞之心。自一八一五年後，普魯士得
萊茵河上之地，加以得 Baden、Wurtemberg 及 Bavaria
三國之援助，法國人逐不敢復存侵略德國領土之意。

德國內部之合併

伊大利國內形勢之散漫，與法國革命以前無
異。Napoleon 極盛時代，曾合併諸小邦爲伊大利王
國，而自兼王位。以 Naples 王國予 Murat。至於
Piedmont、Genoa、Tuscany 及教皇領土均合併於法
國。至是聯盟諸強國一反 Napoleon 之所爲，恢復昔

奧大利在伊大利之勢力

日諸王國。Tuscany、Nodena 教皇領土及 Naples 等無不有復辟之舉，而以 Parma 一地與 Napoleon 之后 Maria Louisa。Sardinia 王歸自海外，入駐 Turin。至於 Genoa 及 Venice 二共和國，在會議中已無人顧及之。以 Genoa 之領土予 Sardinia，爲抵禦法國之備。奧大利因喪失 Netherlands 領土，故以 Venice 之領土償之，遂與昔日之 Milan 公國合併而成 Lombardo-Venetia 王國。

瑞士　　　　　　　　關於瑞士，困難較少。Vienna 會議承認瑞士各州爲自由平等之區域，並承認瑞士爲局外中立國，無論何國不得率兵入侵或經過其領土。各州遂訂新憲法，建瑞士聯邦制。共有小州二十二。

瑞典、挪威之合併　　Vienna 會議承認瑞典與挪威合併，同屬於 Napoleon 大將 Bernadotte 之下。挪威人抗不遵命，自訂憲法，自選國王。Bernadotte 乃允挪威人得另訂憲法及政府，至於王位，則由彼兼領。此爲瑞典挪威"屬身結合"（Personal union）之始，至一九〇五年十月，兩國方分離獨立云。

露西亞及普魯士二國之處置 Warsaw 大公國及 Saxony 王國　　關於上述種種之處置，會議中人頗能和衷共濟。迨露西亞及普魯士兩國之要求提出後，會議中意見紛歧，爭執甚烈。同盟諸國間幾起戰事，因之 Napoleon 有自 Elba 島遁回法國之舉。露西亞極欲得 Warsaw 大公國，與露西亞屬波蘭合併而設王國，以屬於露西亞之皇帝。普魯士王頗贊助之，唯須以 Saxony 王國之領土附屬於普魯士爲條件。

英奧法三國反對露普二國之計劃　　奧大利與英國頗反對露西亞及普魯士二國之計

劃。蓋英國與奧大利二國雅不願 Saxony 王國之滅
亡，尤不願露西亞勢力之西進。而且露西亞所欲得
之 Warsaw 大公國，其領土之一部分原屬於奧大
利。法國外交家 Talleyrand 遂乘機以間離英國、普魯
士、奧大利、露西亞四國之感情。同盟諸國先本抱
藐視法國之心，至是英國與奧大利頗欲得法國之歡
心以爲己助。Talleyrand 承 Louis 十八之意，於一八
一五年一月三日與英國、奧大利密訂同盟之約，以
武力援助二國以抵抗露西亞與普魯士。其至行軍計
劃，亦已運籌就緒。三十年來擾亂歐洲和平之法
國，至是復入列於諸國之林，不可謂非 Talleyrand 之
功也。

　　諸國之間，卒用折衷主義以調和其意見之異同。露
西亞讓出 Warsaw 大公國領土之一部分，但仍得如願另
建波蘭王國。普魯士得 Saxony 王國領土之半及萊茵內
河左岸之地。普魯士雖失波蘭人所居之領土，而所得
新地之民族純係德國種，實爲他日普魯士獨霸德國
之基。

露西亞得波蘭普魯士之
勢力及於萊茵河

第二節　革命時代之結果民族精神

　　試將 Vienna 會議後之歐洲地圖與百年前 Utrecht
和議後之狀況相較，即可知其變化極顯而鉅。大抵
小國之數大減，各地均有合併統一之跡。荷蘭與奧
大利所領之 Netherlands 合建王國。神聖羅馬帝國四

一八一五年之歐洲與
Utrecht 和議後之歐洲比
較

分五裂，至是滅亡，而以三十八邦之同盟代之。普魯士之領土大有增加。波蘭王國至是復現，然領土較昔爲狹，而且已非獨立之邦。其領土雖有割讓於普魯士與奧大利者，然大部分則屬於露西亞。奧大利雖失 Netherlands，然得 Venice 共和國之領土。至於 Sardinia 王則得 Genoa 及其附近一帶地。其餘伊大利諸地，猶仍昔日分崩離析之舊。

英國得錫蘭島與好望角

英國此次所得之領土，與西班牙王位戰爭時同，多係海外殖民地。其最要者爲印度東南角之錫蘭島及非洲南端之好望角。好望角本荷蘭屬地，因荷蘭入附 Napoleon 之故，故英國於一八○六年奪而據之。實開他日英國非洲南部領土發展之局。

一八一五年時英國殖民地之廣大

英國雖於法國革命將起之際，喪失北美洲殖民地，然至一八一五年時，已植他日商業殖民事業之基。其在北美洲則加拿大與除 Alaska 以外之西北部，皆爲其所有。西印度羣島中之英國領地，爲與南美洲通商之孔道。Gibraltar 又爲入地中海之門戶。好望角一區，不但爲他日北入非洲沃地之根據，而且足以扼印度航路之咽喉。其在印度，則 Bengal 一帶及東西兩岸，已入於英國人勢力之下，殖民帝國造端於此。此外在太平洋之南部，尚有澳洲先爲罪犯遠戍之區，卒變爲人民富庶之地。加以海軍甚強，商船獨夥，雄霸海上，豈偶然哉！

販奴之禁止

Vienna 會議並革除歐洲自古相傳之陋習，卽販賣黑奴是也。會議中雖僅宣言販賣黑奴，實違反文明及人權諸原理；然因英國主張甚力之故，除西班

牙、葡萄牙二國外，莫不設法革除販奴之惡業。蓋
販奴事業之殘酷，在十八世紀時，已爲英國、法國
二國人所不忍聞，一八〇七年三月，英國國會有禁
止人民販奴之議案。一八一三年，瑞典亦起而仿行
之。一年後，荷蘭亦如之。當 Napoleon 自 Elba 島返
國時，因欲交歡於英國，故亦有禁止法國人販奴
之舉。

Napoleon 之事業，除變更歐洲地圖及傳播革命　　民族主義之漠視
原理之外，當以民族精神之激起爲最有關係。十九
世紀之所以異於十八世紀者，卽在於此。當法國革
命以前，國際戰爭專以君主之意爲依據，而人民不
與焉。領土分配亦唯以君主之意爲標準，不問居民
之意向何如。蓋皆祇求領土之增加，不問種族之同
異也。

然一七八九年法國所宣布之《人權宣言》中，曾　　法國國民議會宣言君主
謂法律爲民意之表示，凡公民皆有參政之權利。君　　對於人民負責任
主與官吏之行動均對於人民負責任。此種觀念發生
之後，人民對於政治上之興趣於以激起，政治領袖
接踵而起，新聞報紙遂漸以討論國事爲務，而政治
集會亦因之紛起矣。

各種民族漸覺其各有語言，各有習俗，以自異　　民族主義之興起
於他國。德國、伊大利、希臘諸國之愛國者，類皆
回顧古代之光榮，以激起人民愛國之熱誠。所謂民
族主義者，卽各國之政府應適合於各國之習俗，而
以本國人治之；凡異族入主，或君主任意處置其領
土者，皆視爲不當。此種精神發端於法國革命之

初，至十九世紀而益著。伊大利、德意志二國之統一、希臘及 Balkan 半島上諸國之離叛土耳其、一九一四年歐洲大戰之開端，皆民族精神有以致之。

第三節　神聖同盟Metternich之反對革命

一八一五年後之復古精神

一八一五年六月，Vienna 會議將其議決各種條約彙成一集，名曰《最後議案》（ *Final Act* ）。數日之後 Napoleon 大敗於 Waterloo，不久被流於 St. Helena 島，十五年來之恐怖，至是渙然冰釋矣。復辟之君主，鑒於二十五年來之干戈雲擾，戰爭連年，凡有提及改革者，莫不談虎色變，驚惶不可名狀。"革命"二字，尤爲逆耳。蓋不但爲君主所不喜，卽貴族教士亦頗不願聞也。

神聖同盟之組織

Vienna 會議雖已告終，然欲維持其會議之結果，與防止革命餘燼之復燃，則諸國間之同盟顯有繼續存在之必要。露西亞皇帝 Alexander 第一有組織宗教同盟以維持和平之計畫，卽神聖同盟是也（The HolyAlliance）。奧大利皇帝及普魯士王均贊許之，遂於一八一五年九月間宣布。三國君主以同盟兄弟相待，爲"統治一家三族之上帝代表"。其他諸國之君主如能承認其原理者，則許其加入同盟，而爲兄弟之一。

露西亞皇帝與普魯士王二人頗具宗教之熱
忱，故對於神聖同盟極具維持之誠意。然當日各國
外交家心目之中，以爲所謂神聖同盟者，實露西亞
皇帝之一種幻想。實則神聖同盟之組織並非壓制革
命之機關。其條文中並不提及革命危險之宜屏除，或
會議結果之宜保守。然當日新聞紙及改革家仍多以
神聖同盟爲列強反抗革命之組織。並非以上帝之名
行親愛之實，實隱受 Clement Wencelaus Nepomuk
Lothaire 卽 Metternich-Winneburg-Ochsenhausen 親王
之指導，專以壓止改革爲事者也。

神聖同盟並非阻止革命之同盟

Napoleon 敗亡以後，歐洲最著之政治家當首推
奧大利宰相 Metternich。彼生於一七七三年，自法國
革命以來，卽抱仇視改革之意。一八〇九年後，身
任宰相，凡有提及憲法二字或民族統一者，彼均以
革命目之。

Metternich 之政治主張

彼本仇視改革者，又因鑒於奧大利國內情狀之
獨異，故其仇視益甚。而且歐洲諸國受法國革命之
禍最烈者，除普魯士外，首推奧大利。假使民族主
義日盛一日，則奧大利國內之各種民族——如德國
人、Czech 種人、波蘭人、匈牙利人、伊大利人等——
將羣起革命而要求憲法。奧大利、伊大利、德國等
諸國，偶有革新思想，卽有覆滅人種複雜之奧大利
之虞。故 Metternich 之意，所謂保存奧大利，卽壓制
革命，亦卽維持歐洲之和平。

民族精神實不利於奧大利

一八一五年十二月二十日，奧大利、普魯士、
英國及露西亞四國，締結秘密同盟之約，以維持歐

祕密同盟

207

洲之和平。並規定諸國間常開有定期之會，以籌謀
公共之利害及應付之方法。此實一種維持 Vienna 會
議議決之國際公會矣。

Aix-la-Chappelle 公會 　　根據密約所開之第一次公會，於一八一八年在
Aix-la-Chapelle 地方舉行。商議聯軍退出法國境外之
事。法國遂加入同盟。Metternich 之保守政策，至是
大盛。

第四節　十九世紀初年之思想及文化

歷史不僅以政治為限 　　自法國革命以來，歐洲歷史多述政治，抑若當
時文化絕無足稱者然。實則當日之農工、商賈、經
營、貿易依然如舊。當 Napoleon 自 Elba 島返國之
日，正 George Stephenson 發明機車之時。其影響之
大，遠駕 Napoleon 武功之上。工業革命，關係重大，另
詳下章。與工商業同時並進者，尚有文學、美術及
哲學。其關係之鉅，與工商業等。茲特略述其梗概。

十八世紀時代之文學頗 　　當十八世紀時代，歐洲文學頗受法國文化之影
受法國文化之影響 響。詩文多富麗而整齊，然不免有矯揉造作之病，如
英國之 Dryden 及 Pope，皆其著者也。蓋自中古學問
復興以來，考古精神大著於世，所謂教育者大都以
研究古代希臘、羅馬之文學爲務。爲文者則仿
Cicero，賦詩者則仿 Vergil。所用之字以雅而不俗者
爲限，故爲數甚少。所選文料，以高尚者爲限，蓋

以爲古文體裁，僅能適用於高尚文料也。其結果，則
所謂文學者，不若今日之以常人常事爲主，而以描
述英雄功業爲務。Voltaire 之著作頗能舒展自如，脫
去古文之窠臼。Rousseau 之負有文名，亦因其能叛
離古文，獨樹一幟之故。

　　英國雖無 Rousseau 其人，然詩人 Robert Burns　　文學上之“自然”
及 Wordsworth 輩，頗能破矯揉造作之習，以返於自
然，大受時人之稱譽。觀其著述，顯見當日讀書之
人已不僅以朝貴爲限，蓋中流社會中人已漸形得
勢矣。

　　十九世紀之初，Napoleon 敗亡之後，文字上之　　傳奇派
傳奇派（Romanticism）大盛，專以描寫古代光榮爲
事。當法國革命之中，歐洲思想多非古而是今，希
望將來，痛惡過去。至是文學名家多向於素所藐視
之中古，津津樂道封建時代之生活。Sir Walter Scott
之詩文，可稱此派之領袖。傳奇派之文學，由英國
而入於法國與德國。自 Waterloo 戰後，人民本皆抱
復古之念，此派文學應運而生固非偶然矣。傳奇派
之文學雖足以塞人民注意現在之心，然因此而激起
科學化歷史之研究，其影響不可謂不鉅也。

　　傳奇派文學家所描寫者，多出諸幻想之中，而　　近代史學家
非眞有其事。俠士佳人，千篇一律，類出虛構，並
無其人。然因此而引起歷史之研究。史家輩出，均
以搜求材料明了實情爲能事。又因當日政治問題最
爲重大，民族主義正在發生，故史家心目之中莫不
以政治與民族爲其研究之資料。蓋自法國革命以

後，歐洲大陸諸國中，民族主義方興未艾。法國與德國二國之史家莫不以搜求本國民族史料爲要務。自古至今，搜羅殆盡。故十九世紀以後之歷史知識，遠軼前代。其有功於後日之史學實非淺鮮。

德國歷史家及其影響　　德國自與 Napoleon 戰後，愛國熱忱驟然奮起，故研究歷史之事業較他國尤爲發達。德國人先屈於 Napoleon，繼又屈於 Metternich，戰爭與政虐之禍相繼而來，故唯有回憶古代之光榮，聊慰當日之痛苦。民族精神，涵養既久，至一九一四年，乃大著於世，蓋皆十九世紀之史家有以致之。

德國之哲學家　　十九世紀之初，德國文學及思想因有哲學、詩學及史學而益富。Immanuel Kant 爲近世第一哲學家。其最要之原理，謂人類不特居於物質世界之中，亦且居於道德世界之內，人生原理當以"義務"爲最要。其他哲學家如 Fichte，Hegel 輩，并謂"義務"之中，當以服從國家爲第一，又謂德國人及德國人之理想爲世界史上之最精良者云。

德國之韻文　　此期中德國有最大詩人而兼科學家 Goethe 其人。其最著之著作爲 *Faust* 劇本。劇中之 Faust 本一學者，沉湎於各種快樂之中，Goethe 將其經驗及苦痛，詳述無遺，藉以了然於人慾及感情之作用。Goethe 並以善作樂府著名，而其科學思想亦甚精到。因研究動植物而發明進化之理，實開他日 Darwin 學說之先。所著小說，風行一世，爲後日德國小說家之模範，以身心俱臻完美爲其理想中之目的。至於彼之不喜普魯士人，及痛惡武力主義之處，正與詩家

Heine（一七九七年至一八五六年）同。

德國文學在 Frederick 第二時，世人尚以俗而不　　　德國新文學之影響
雅視之，至是忽起而爲世界文學上利器之一。至
Goethe 而益著，眞足令人驚異不止。Frederick 第二
所著之詩文，類皆棄德國文而用法國文。迨彼武功
大盛之後，北部德國人方起自信之心，應用德國文
以與法國文爭勝。德國人民族精神之發達遂因之而
益甚。

十九世紀之初，中流社會旣興，讀書之人益　　　讀書之新時代
衆，於歐洲文學上別開新面。除歷史、韻文、小說
以外，新聞紙開始盛行。且因印字機改良以後，每
小時能印報紙八百頁，讀書之新時代，實始於此。

十八世紀時代，歐洲人民大都皆不識字。教育　　　法英二國之國民教育
之權操諸教士之手。教材本極簡陋，而能培植子弟
讀書者，又以中流社會爲限。法國當"恐怖時代"，曾
有國民義務教育之規定，然始終未嘗實行。至於英
國，則至十九世紀後半期方有改良教育之傾向也。

至於普魯士，教育一端爲改革家，如 Stein，事　　　普魯士之教育制度
業之一，而 Karl Wilhelm Humboldt 實爲首領。柏林
大學建於一八一〇年。當一九一四年歐洲大戰以
前，德國之大學名滿世界，外國人之遊學其地者連
袂而來。然德國大學教授之態度，對於大戰中德國
政府之種種行動，多所偏袒，德國學問之名譽不免
受其影響也。

第十四章　Vienna會議後
歐洲之反動及革命

第一節　法國之復辟

法國人不反對復辟

　　法國王 Louis 十六之兄雖逃亡在外二十年以與革命爲敵，然當一八一四年入卽王位時，法國人民並無反抗之意。蓋法國人之主張共和政體者本居少數，人民心目中又尚有君主政體存在也。

Louis 十八之維持革命事業

　　然同時新王亦並無推翻革命事業之意。彼之性情與其弟 Artois 伯之剛愎不同。當幼年時代，喜讀 Voltaire 及諸哲學家之著作。對於舊教黨徒亦無特別之情感。而且年已六旬，身體肥巨，具有常識者，豈願輕信貴族之言，恢復舊制以轉滋紛擾耶？

一八一四年六月之憲章

　　一八一四年六月法國王所頒之《憲章》（*Constitutional Charter*）較 Napoleon 時代尤爲自由，而與英國憲法頗爲相似。設國會，取二院制。上院貴族由國王任命之；下院代表由富民選舉之。唯君主有提議法律之權，而下院得行請願立法之舉。

人權之維持

　　除建設代議機關外，《憲章》中並維持革命時第

一次《人權宣言》之原理。宣布人民在法律上之平
等，有充任軍政官吏之權。稅率以人民之貧富爲比
例。雖定羅馬舊教爲國教，而人民仍得享宗教及身
體之自由。人民并有出版之自由，唯不得濫用。

　　《憲章》頒布之後，國內政黨紛然而起。逃亡之　　Artois 伯所統率之極端
貴族及教士組織極端保王黨（Ultra-royalists），以推　保王黨
翻二十五年來之改革事業與恢復昔日之舊制爲目
的。主張擴充教士之權力，限制出版之自由，君主
權力之專制，及喪失財產之恢復。此黨人數雖少，然
因有王弟統率之故，極有勢力。

　　然力能援助法國王者，實爲溫和保王黨。此黨　　溫和保王黨
鑒於二十五年來之政變，深知恢復舊制之不可能。故
一面力勸極端保王黨人不可堅持，一面力使法國人
民維持王政。以上二黨，一屬激烈，一主溫和，合
佔國內人民之大部。

　　第三黨可稱爲自由黨。此黨雖忠於王政，然以　　自由黨
爲《憲章》所付❶人民之權利未免太少，主張減少人
民選舉權上之財產限制及責任內閣之建設。

　　此外，尚有極端反對 Bourbon 系之無可調和黨　　無可調和之黨
（irreconcilables）。第一爲 Bonaparte 黨，類皆 Napoleon
部下之軍人。若輩常憶昔日之光榮，並恨反對革命
者之得勢。Napoleon 未卒以前，此黨日望其有捲土
重來之一日，及其既死，乃擁其子爲號召之資，稱
之爲 Napoleon 第二。此外又有共和黨人對於 Bourbon

---

　　❶ "付"，當爲 "賦"。——編者註

系及 Bonaparte 系均所反對，而以恢復一七九二年之
共和爲主。

第二節　一八三〇年之革命

Charles 第十之政見

當 Louis 十八在位時代，王黨之勢殊盛。故法國
王於一八二四年去世時，Bourbon 系之勢力已足以戰
勝反對黨而有餘。假使其弟 Charles 第十（一八二四
年至一八三〇年）卽位以後，處置有方，則國祚延
綿，正未有艾。不意彼竟有與其尸位若英國王不如
刊木生活之爲愈之語。卽位之始，其政策一受教士
及耶穌社中人之指使。貴族之喪失財產者年發國幣
數千兆佛郎以賠償之。

七月命令

Charles 第十之政策旣行，反對者當然甚烈，王
不之顧也。且於一八三〇年七月有專橫之舉。根據
《憲章》上君主有爲公安而立法之權之規定，於七月
中下令數通，規定檢查出版之制，增加選舉權上之
財產限制，聲明唯君主獨有提議立法之權。憲政精
神摧殘殆盡，人民權利絕無保障矣。

新聞記者之抗議

下令之次日，卽七月二十六日，巴黎之新聞記
者提出抗議，爲人民顯然反抗命令之始。宣言若輩
不能尊守王命，仍當繼續其新聞之出版。並謂國王
旣剝奪民權，則人民不應再忠於王室。

共和黨人之暴動

然 Charles 第十之傾覆，共和黨人之力居多。七

月二十七日，巴黎城中之共和黨人多毀移通衢之巨石，堆成堡柵以禦政府之兵士。

至七月二十九日，巴黎全城皆入於叛黨之手。王　候補王位者之出現
知事體擴大，乃與國會商酌收回成命之法。然爲時
已晚，國會難開。富商鉅賈已有擁戴 Orleans 公之子
Louis Philippe 入繼王位之計。Louis Philippe 在昔本
極熱心於共和，曾與於 Valmy 及 Jemappes 諸戰役。不
久被放，居於英國數年。復辟後返國，主張民主以
取信於國人。衣服樸素，遣其子入普通學校中就
學，不另聘師傅。故中流社會之主張維持王政者，莫
不以彼爲最屬相當之人物。

Charles 第十知王位之不可再留，乃決意退位，傳　Charles 第十之退位及
其位於孫 Bordeaux 公。並命 Louis Philippe 爲中將，負　Louis philippe 之被任爲
實行王命之責，稱其孫爲 Henry 第五。而己則攜眷遁　中將
入英國。此種措置，本可望人民之贊許，然 Louis Phil-
ippe 組無實行之意。彼反一意以結好共和黨人爲
事。蓋此次變亂共和黨之功獨多。而且并有擁戴老
髦之 Lafayette 組織臨時政府之舉也。其時叛黨設委
員會於市政廳內，四週圍以暴民。Louis Philippe 突
圍而進，以數言折服 Lafayette。二人遂攜手立於窗
外之平臺上。Lafayette 手抱 Louis Philippe 以示親密
之意，Louis Philippe 亦手搖三色之旗，以表其同情
革命之忱。共和黨人至是已知無法可阻 Louis Phil-
ippe 之入卽王位矣。

Louis Philippe 於八月三日召集下議院，宣布　下議院之勸進
Charles 第十之退位，唯不明言其繼統之人。四日之

後，下議院議決請 Louis Philippe 入承大統，上議院
承認之。Louis Philippe 當允許卽位時，嘗曰："吾實
無法拒絕國家之召我。"

修訂《憲章》

　　國會中人從事於《憲章》之修訂，且要求新王
於加冕以前承認之。將《憲章》之第一段文字全行
刪去，以爲"給予"（grant）二字，有傷國民之榮譽。宣
布出版自由，規定責任內閣制。並刪去定羅馬舊教
爲國教之一條。

一八三〇年革命結果之
微

　　就事實而論，一八三〇年之革命無甚結果。君
主雖已易人，而政府之專制如故。選舉之權仍以富
民爲限。昔日貴族教士擅權之政府，至此仍以富商
鉅賈代之。白旗雖廢而代以三色旗，然同是王政初
無變更。彼共和黨之叛亂，絕無效果之可言也。

第三節　比利時王國之建設

比利時人對於荷蘭之不
滿

　　法國一八三〇年之革命，其影響並及於奧大利
領土 Netherlands。此地自 Vienna 會議後卽合併於荷
蘭。其不滿意於荷蘭之處，不一而足。第一，荷蘭
王 William 雖宣布憲法於全國，然以法國之《憲章》爲
依據。故上無責任內閣之制，下有財產限制之選舉
權。而且南省人民數逾北省百餘萬，而代表之數則
與北省相等。加以充任官吏者類多荷蘭人，不顧南
省人民之利害。至於宗教，則南省多信舊教，北省
多奉新教。國君又係新教教徒，每有強迫南省人民

改奉新教之舉。

Louis Phlippe 即位不久，Brussels 即有叛亂之
舉。南方各省聞風興起，遂建設臨時政府，於一八
三〇年十月四日宣布離荷蘭而獨立。不久，並召集
國民公會以建設永久之政府。公會遂編訂憲法，以
民主觀念爲根據，而建設立憲君主之政府。是時之
比利時人實與一六八八年時之英國人無異。一八三
一年七月，迎 Coburg 之 Leopold 爲比利時新國之君。

比利時王國之獨立

第四節　德國同盟之建設

Napoleon 佔據德國之影響有三。第一，自法國
得萊茵河左岸地後，德國領土之因之合併者及小邦
之因之滅亡者，不一而足。至 Vienna 會議討論組織
德國同盟以代神聖羅爲帝國時，德國小邦之存在
者，僅得三十八。

德國所受Napoleon之影響（一）小國之滅亡

第二，普魯士之內外情形爲之丕變，卒爲他日
繼奧大利而獨霸德國之基。蓋普魯士雖喪失第二、
第三兩次分割波蘭所得之領土，然因之反得 Saxony
王國之半及西部萊茵河畔之地，領地人民純屬德國
種，而異族不與焉。與奧大利國內之五方雜處者大
異矣。至於內部之改革，則自 Jena 戰後。有 Stein
及 Hardenberg 輩盡力革新，其成績之優美幾可與法
國第一次國民議會等。廢止階級，釋放佃奴，經濟
發達，造端於此。軍隊改組，實爲一八六六年及一

（二）普魯士地位之優勝

八七〇年戰勝他國之預備。

（三）立憲之要求

第三，自 Napoleon 戰爭以來，德國之民族精神爲之大盛。國民既抱救國之忱，又有參政之望，則其要求立憲，不滿王政，又勢所必然者矣。

一八一五年之德國同盟

當 Vienna 會議討論德國統一問題時，提出方法有二。普魯士代表所提出之計畫在於組織強有力之同盟，與北美洲合衆國相仿，國內大政，操諸中央。反對此種計畫最力者爲奧大利之 Uetternich，而有德國諸小邦爲其後盾。蓋奧大利深知其國內人種之複雜，斷無統一德國之希望。無論在匈牙利及南部諸省絕無德國人，卽其西部諸地亦有多數 Slav 種人雜居其內。而且奧大利向欲獨霸國中，則非使國內諸小邦形同獨立不可。其結果則奧大利之計畫，見諸實行。

德國同盟爲君主之聯合

德國同盟並非聯邦可比，實包有"德國之君主及自由城市"者也。如奧大利之皇帝及普魯士之王皆有領土在同盟之中。此外，丹麥之領土 Holstein 及 Netherlands 之領土 Luxemburg，亦均在同盟之列。四國之君主皆爲同盟中之分子。故同盟之中有二君純屬外人。而其他重要二君之領土又非全部屬諸同盟者。

Frankfort 公會之無力

同盟之公會設於 Frankfort 城。爲會員者皆代表君主而不代表人民。公會之權力極小，既無干涉各邦內政之權，而會員又不能任意表示其可否，凡事均請命其國君。權力既微，議事敷衍，適足以爲歐洲人士談笑之資耳。

同盟中各邦均有與他國締結各種條約之權，不　　德國同盟之弱點
過不得妨害同盟之安全，幷不得與同盟諸邦宣戰。同
盟之憲法不得各邦君主之全體同意，不能修正。此
種組織，缺點顯然。然卒能維持至五十年之久，至
一八六六年普魯士與奧大利戰役後方解體也。

Vienna 會議未能爲德國建設強有力之政府，德　　德國學生之政治組織
國之新黨中人無不失望。大學學生羣起而非議之，而
抱德國自由之望。一八一七年十月十八日，大學學
生羣集於 Wartburg 城堡舉行 Luther 改革宗教及 Leip-
zig 大戰紀念之祝典。演說中多讚歎因與 Napoleon
戰爭而陣亡之愛國者。

此種學生之運動，歐洲政治家聞之無不驚恐，而　　Kotzebue 之被刺
Metternich 尤甚。學生頗有痛恨新聞記者 Kotzebue
爲阻止露西亞皇帝維新之事業者，竟刺殺之。新黨
之信用益爲之墮落。Metternich 益有所藉口，以爲學
生之集會、政府之維新及出版之自由，其結果必皆
可怖。

Metternich 於一八一九年八月召集同盟諸大邦　　Carlsbad 議決案
之代表開會於 Carlsbad 地方。通過各種議案以限制
新聞紙及大學學生之言論自由及逮捕革命黨。此種
Carlsbad 議決案由奧大利提出，雖有抗議者，卒通過
於大會。既限制出版之自由，並干涉大學之教授，妨
礙進步，莫過於此。然德國人亦無有力之反抗，屈
服 Metternich 制度之下者，蓋三十年也。

然在德國南部諸邦，政治上仍頗有進步。一八　　南德諸邦之立憲
一八年，Bavaria 王卽有編訂憲法，建設國會之舉。二

219

年之內，Baden、Wurtemberg 及 Hesse 諸邦無不聞風而起。至一八三四年又有關稅同盟（Zollverein）之組織。各邦貨物通行無阻，昔日稅界一掃而空。影響他日政治上之統一者當大。關稅同盟以普魯士爲領袖，而奧大利不與焉，實爲他日德意志帝國統一之先聲。

第五節　西班牙與伊大利之恢復舊制

Joseph Bonapart 時代之西班牙

西班牙之恢復舊制，較他國尤爲完備。Napoleon 因力維其兄之地位之故，戰事連年，大傷西班牙之元氣。至一八一二年，法國人方被英國人逐於西與牙之外。然西班牙之人民雖屈服於法國人之下，而始終反抗，實與獨立無異。西班牙之國會曰 Cortes 者雖忠於故主，然能利用國內無主之機會，於一八一二年編訂憲法以植立憲之基。

Ferdinand 第七之廢止憲法

西班牙王 Ferdinand 第七之被禁於法國者，先後凡六年。至一八一二年，仗英國人之力而復國。返國之日，即廢止憲法。宣言國會之編訂憲法，顯欲以“根據法國革命原理之煽亂憲法”強國民之遵守，實越俎而奪君主之大權。又宣言凡維持憲法者均以大逆不道論，處以死刑。於是專制政體、異端裁判所、封建特權及宗教團體，無不死灰復燃，一仍昔日之舊。耶穌社中人捲土重來。檢查出版物較

昔尤厲。壓制言論之自由，恢復寺院之財產。新黨
人之被拘或被逐者，踵相接也。

　　Vienna 會議對於伊大利絕不關心，不過以一種 　一八一五年後之伊大利
"地理上之名詞"（Geographical expression）置之。蓋
伊大利絕無政治上之統一者也。北部之 Lombardy 及
Venetia，則屬於奧大利。Parma、Modena 及 Tuscany
諸邦，則均屬於奧大利之王族。南部之 Naples 王
國，則屬於西班牙之一支。中部有教皇領土截半島
而爲二。外有奧大利之蟠據，內有羅馬教皇之負
固，伊大利之統一，幾絕望矣。

　　Napoleon 之統治伊大利雖甚專制，然其設施興 　Napoleon 時代伊大利之
革，成績昭然。廢除舊制，澄清吏治。興利除弊，燦 　改革
然可觀。然因其利用伊大利以謀一己利益之故，大
失人望。昔日熱忱援助之人，不久皆抱與汝偕亡
之意。

　　Sardinia 王 Victor Emmanuel 第二於一八一四年 　Piedmont 之廢止新政
五月二十日返其京都 Turin，全國人民莫不欣然色
喜。不意返國之後，即將 Piedmont 於法國革命時引
入之新政，一律廢止。恢復貴族之特權，交還教士
之財產。宗教法庭設置如昔，檢查出版嚴厲如前。人
民遂無復宗教上之自由矣。

　　教皇領土中之政策亦復與其他諸國相似。一八 　教皇領土中之復古
一四年，教皇下令廢止一切革命時代之法律，而恢
復昔日之舊制，熱忱過度，甚至種痘及路燈諸事，亦
以革命事業目之，加以禁止。
　　　　　　　　　　　　　　　　　　　　　　 伊大利境內之奧大利領
　　奧大利所領 Lombardy 及 Venetia 二地中之新政 　土

無不革除殆盡。奧大利因欲維持其領土，特設明暗二種偵探制以干涉個人之自由。其橫暴情形，實有令人難忍之處。

奧大利在伊大利之勢力

奧大利除領有伊大利北部之地外，並享有保護 Modena 之權。Tuscany 公國則因條約關係無異奧大利之領土。Parma 之 Maria Louisa 付其權於奧大利皇帝之官吏，而 Naples 王國又與奧大利訂有攻守之同盟。故伊大利半島中除 Sardinia 及教皇領土外，無不在奧大利勢力範圍之內。

法國革命之事業並不全廢

伊大利半島雖四分五裂，日處於強鄰威脅之下，然一八一五年之伊大利已與一七九六年 Napoleon 入侵時之伊大利異。諸邦中雖皆有恢復舊物之舉，然法國革命之遺跡不但留在法律政府之中，而且深入人心之內。民族主義方興未艾，雖有警察已難剗除。人民雖恨 Napoleon 之專橫，而對於法國之改革事業，則深慕不已。

第六節　美洲之西班牙殖民地及一八二〇年之革命

南北美洲西班牙殖民地之夢想獨立

Metternich 思想之實現，以在西班牙及伊大利二國者爲最著。因之革命之舉不再啟於德國與法國，而重見於西班牙及伊大利。西班牙本國僅佔其全國領土之一小部分。蓋西班牙之領土，除歐洲本國及各

處島嶼外，本包有北美洲之一部、中美洲之全部及
南美洲之大部。美洲之西班牙殖民地，自始卽受母
國自利之商業政策之苦。凡殖民地僅能與母國之商
埠一二處往來貿易。自北美洲合衆國叛英國而獨立
以後，西班牙之殖民地遂有蠢蠢欲動之勢。迨
Napoleon 入據西班牙之消息傳到美洲，西班牙之殖
民地羣起而叛亂。

　　西班牙殖民地之叛實始於一八一〇年。是時，墨西班牙殖民地之叛
西哥、新 Granada（卽今日之 Colombia）、Venezuela、
秘魯、Buenos Ayres 及 Chile 諸地，名雖擁戴 Ferdinand
第七，實則均起奪政權於母國派來官吏之手。最後
乃有獨立之舉。最初西班牙頗以殘暴方法平定叛
亂。至一八一七年，Venezuela 之叛黨首領 Bolivar
出，該地獨立竟告成功。此後五年之間，新 Granada、
秘魯、Ecuador、Chile、墨西哥及上祕魯（卽今日之
Bolivia）諸地，相繼獨立。

　　Ferdinand 第七自復辟以來，卽遣兵赴美洲以平英國反對西班牙以武力
平亂
定殖民地之叛。彼並以革命爲有害諸國之利害爲理
由，求援於各國。不意英國政府頗持反對。蓋自南
美洲諸邦獨立後，英國之商業驟形發達，不願放棄
其利益也。

　　一八二〇年一月，西班牙調遣駐在 Cadiz 之軍西班牙恢復一八一二年
之憲法
隊，赴美洲平亂。兵士深知遠征之苦，遂有叛亂之
行，宣言恢復一八一二年之憲法。全國新黨聞風響
應，京都之暴民於三月間圍王宮以迫西班牙王宣遵
守憲法之誓。

西班牙革命消息傳入伊大利 　　西班牙革命消息不久傳入伊大利。伊大利本有各種祕密結社，專謀叛亂。其最著者爲燒炭黨（Carbonari），以謀立憲政體及國家統一爲目的。Naples 人旣知西班牙王有允許恢復憲法之舉，亦羣起迫其王仿行西班牙之憲法，時一八二〇年七月也。Naples 王不允，並求援於各國。

Metternich 以革命爲疫病 　　Metternich 乃請露西亞、普魯士、法蘭西及英國，合力以阻止 "叛亂及罪惡" 之發展。彼以爲革命之爲物正同疫癘。不獨抱病者有生命之憂，卽旁觀者亦有被染之險。欲防傳染，應速隔離。

奧大利之干涉 　　一八二一年一月，奧大利請各國遣代表開大會於 Laibach，以商議恢復南部伊大利之原狀爲宗旨。Naples 王 Ferdinand 亦來赴會，極願奧大利遣兵入其國以平內亂。叛黨之被戮或被逐者不一其人，憲法遂廢。

Verona 公會 　　同時，西班牙之革命日趨於不可收拾之境。露西亞、奧大利、普魯士、法國及英國，於一八二二年開公會於 Verona 以研究對付西班牙革命之方法。英國不主張有干涉之舉。法國王 Louis 十八因被國內教士及極端保王黨之逼迫，遣兵入西班牙以 "維持 Henry 第四子孫之西班牙王位爲宗旨"。法國之自由黨人頗不謂然。以爲法國今茲之援助 Ferdinand 第七，實與一七九二年時普魯士及奧大利之援助 Louis 十六無異。法國軍隊旣入西班牙，Ferdinand 第七之地位復固。平定內亂，殘酷異常，法國人恥之。

西班牙殖民地問題 　　當法國援助西班牙王平定內亂之日，正英國、美國援助西班牙殖民地獨立之秋。在 Verona 公會中，除英國外，無不欲援助西班牙以平定其內亂。蓋同盟諸國固以壓制“無論何地及何種之叛亂”爲目的者也。

Metternich 輩既有援助之意，北美洲合眾國之總統 Monroe 於一八二三年十二月向國會宣言歐洲列強干涉之危險，即後世所謂 Monroe 主義是也。其意略謂凡歐洲同盟諸國有欲擴充其制度於西半球之任何部分者，即以有害於合眾國之和平及安全論，而且視爲一種有傷友誼之行動。

Monroe 主義

同時，英國外交大臣 Canning 向法國駐在英國大使力言西班牙欲平殖民地之叛，斷難得手。又謂西班牙與其殖民地間有所爭執，英國當取中立之態度，然不容有第三者之干涉。一八二四年之冬，英國承認 Buenos Ayres、墨西哥及 Colombia 之獨立。歐洲大陸諸國以英國此舉“足以提倡革命之精神”，頗示不滿之意，英國不顧也。

美國承認西班牙殖民地之獨立

當一八〇七年 Napoleon 遣兵入侵葡萄牙時，其王族渡大西洋遁居南美州之 Brazil。自英國人逐出法國人以後，葡萄牙之政權握諸英國大將 Beresford 之手，擅作威福，遂激起一八二〇年之叛。叛黨要求王室之返國及立憲之宣布。王 John 第六遂歸自南美洲，命其子 Pedro 留守 Brazil。

葡萄牙

觀上所述可知，Metternich 厭制革命之國際警察制，已完全失敗。蓋英國、美國既持異議，同盟之勢大爲減削。當希臘叛土耳其而獨立時，露西亞有

Metternich 國際警察制之失敗

對土耳其宣戰之舉，希臘獨立卒告成功。足見雖露西亞當有利於一己時，亦未嘗無援助革命之意。至一八三〇年法國有七月革命之舉，Metternich 之思想益不能支。故就事實而論，所謂神聖同盟者絕無成績之可言。一面內部解體，一面革命精神復興，瓦解之勢至此遂不可收拾矣。

第十五章　工業革命

第一節　紡織機之發明

上數章所述者爲法國革命、Napoleon 戰爭及 Vienna 會議者陳跡。以政治家、武人及外交家之力爲多。然在法國全級會議未召集以前，英國社會中已有一種革命。其影響較國民議會之事業及 Napoleon 之武功尤爲遠大，人民之習慣、思想及希望，莫不因之而變更。

古代希臘人及羅馬人雖以文明著於世，然對於工業器械上絕少發明。十八世紀以前歐洲之工業狀況幾與古代埃及無異。紡織、耕種純賴手工。貨物運輸專恃車輛。信札郵遞之遲緩亦與羅馬帝國末造無異。迨十八世紀之末葉，忽有種種工業器械之發明，不百年間工商業之狀況爲之丕變，卽世人所謂"工業革命"是也。近世之各種問題，如商埠也、工廠制度也、工黨也、貧民也，皆由是而起。故工業革命之重要，實不亞於君主、國會、戰爭、憲法諸事矣。

工業革命原於機器之發明

十八世紀以前之工業狀況

紡織業之改良

　　一百五十年來之工業革命，可以紡織業之改良一端說明之。織布之先，必先紡毛、棉或麻，成紗而後可。紡紗之法自古已有發明，然一人同時僅紡一線。至一七六七年，英國人 James Hargreaves 發明紡紗機，以一人運動機輪，同時可紡十線。是則一人之力，可以作十人之工矣。次年又有理髮匠名 Richard Arkwright 者，發明紡紗之轆機，創設紗廠，卒致巨富。一七七九年，Samuel Crompton 合 Hargreaves 之紡機及 Arkwright 之轆機而一之。至十八世紀之末，已有同時能紡二百線之機器之發明。運用機器者一二人已足，專恃手工者遂不能與之爭衡。工廠制度從此發端矣。

織布機及軋棉機

　　紗線之出產既富，舊日之織機已簡陋不適於用。至一七三八年，John Kay 有飛梭之發明。織工運用機柄，使飛梭往來，不再需他人之輔助。至一七八四年，Kent 之教士 Cartwright 博士發明新機，飛梭提緯，均係自動。然至五十年後手工不敵機器時，昔日之手織機方廢。十九世紀之中，織機之改良日有進步。至今利用機織，一人之力可當昔日二百人之工。此外又有以酸質漂白之發明。昔日漂白專恃日光，動需數月之久，至此數日而已足。一七九二年，美國人 Eli Whitney 發明軋棉機，每日每人力能軋棉一千餘磅，以視昔日之每日僅軋五六磅者，真有天淵之別矣。

各種發明之影響

　　自紡織機發明之後，布之出品驟然增加。一七六四年，英國每年僅輸入棉花四百萬磅，至一八四

一年，增至五萬萬磅。Napoleon 戰爭將終時，Robert
Owen 宣言在 New Lanark 工廠中二千工人之工作，足
以抵蘇格蘭全部人民之手工工作云。

第二節　蒸氣機

機器之發達及普遍，端賴二物：第一，製造機
器之材料，首重堅固，故鋼鐵最爲相宜。第二，機
器鉅大，斷非人之手足所能運用。在昔雖有藉風水
之力以運動者，然其力有限而無定，不足以促進機
器之發達。故當紡織機發明之日，正鍊鐵方法及利
用蒸氣進步之秋。鐵之爲用並不自十八世紀始。然
鍊鐵方法極其簡陋。至一七五〇年，熔鐵之燃料方
以煤代炭。棄風箱而用新機，火力較巨。鍛鐵以蒸
氣鎚，而不用手矣。

世人每以 James Watt 爲發明蒸氣機之人，其實
不然。蒸氣機之重要部分——如水爐、圓筒、活塞
等——早已發明，用之爲抽水之具。Watt 之研究蒸
氣機，實始於一七六三年之冬。其時彼居 Glasgow
爲機器匠，是年有人請其修理六十年前 Newcomen
所發明之蒸氣機模型。彼固聰慧而勤勞者，遂改良
Newcomen 之機器，以裨實用。一七八五年，Watt
之 蒸 氣 機 始 於 Nottinghamshire 工廠中用以紡
紗。Arkwright 於一七九〇年應用之。至十八世紀之

機器之發明與戰力之關係

Watt 之改良蒸氣機

229

末，其用途之廣已與風車、水車等。

法國之工業革命　　　　近世機器之發達以英國爲最早。至於法國，則
一八一五年後，工業革命方見端倪。Napoleon 雖有
提倡機器及保護工業之舉，然其成績不著。迨彼將
敗之時，法國之有蒸氣機者僅 Alace 地方棉廠中一具
而已。然至一八四七年，全國有蒸氣機五千具，足
當六萬匹之馬力。棉花之消費，三十年間，增至五
倍。在一八四七年時，全國共有紡機十萬餘具，紡
錘三百五十餘萬支。至一八四八年，法國工業大城
已林立於全國。巴黎一城已有工人三十四萬二千
人。其他如 Lyons、Marseilles、Lille、Bordeaux 及
Toulouse 諸城，無不工廠林立，工人滿布。自此以
後，工人漸有組織工黨及同盟罷工之舉，以要求工
資之增加及工作時間之減少。

第三節　資本主義及工廠制度

工業之家庭制度　　　　十八世紀末年英國之工業革命，已略如上述。茲
再述工業革命之影響於人民生活上者。自古以
來，“製造”二字仍指手藝而言。工人多在家中或商
舖中製造物品。偶有餘暇，則兼事種植以資生活之
補助。

Defoe 所述之工人狀況　　　一七二四年至一七二六年間，新聞家 Defoe 曾
游歷英國之 Yorkshire 地方，詳述當日之工人狀況如

下："所有土地，分成小區，自二畝至六七畝不等，三四區之間必有一家，雞犬相聞也。每家必有張布之架，架上必有布蓬。每家幾皆有工廠。織布之工人必有一馬爲運貨入市之用，並牛一二頭爲其家庭飲料之資。故各區土地佔用殆盡，種植所得尚不足以養家禽也。一家之中類皆身壯力健之輩，有染色者，有織布者，有整理布疋者。至於婦人稺子則專事紡紗，無論老少無一閑居無事者。"

工業革命以來，專恃手藝之工人其力不能與機器相敵。小規模之工業漸無獲利之望，不得不入資本家所設之工廠，藉謀生計。

工廠制度之原理

工廠制度之結果不一，其最要者爲分工。昔日之工作以一人而負全部工作之責。至是一人專管製造之一步。同時，學習之期較昔爲短，蓋其事較簡也。而且因分工之故，以機器代人工之發明亦較爲容易。

工廠制度之結果(一)分工制度

因利用機器及分工之故，製造品之量大有增加。試舉其例，則有 Adam Smith 所著《原富》中所述製針之一事。據云分工製造，則一針之微製造之步驟可得十八。一日之內，以十人之力可製針四萬八千枚。此種狀況，尚就機器發明之初日而言。至於今日，則每機每分鐘可以製針一百八十枚。一廠所出每日得針七百萬枚，所需工人不過三人而已。再如印刷，自 Gutenberg 發明印字機以來，凡排版、用墨、鋪紙、印刷，無不用手。至今則巨城中之新聞紙幾無不全用機器印刷之。每分鐘可得摺成之報五

(二)生產增加

231

百餘紙。

（三）城市發達　　機器未經發明以前，工人散居城外，半工半農，人人有獨立生活之資。自工廠制度發生以來，此種狀況不可復見。工人羣居於工廠附近之地。住室陋劣，鱗次櫛比。既無田園，又無草地。此今日大城所以有工人住室問題之發生也。

（四）資本家之發現　　自工業革命以後，社會階級分而爲二。一方爲主有工廠及機器之資本家，一方爲資本家雇傭之工人。十八世紀以前，政治上及社會上之得勢者當推廣有出產之地主。而富商巨賈其財力亦可與大地主抗衡，至今則地主富商以外，並有資本家矣。

（五）工人依賴資本家　　爲工人者不得不賴少數資本家以維持其生活。蓋獨立之工作已不足以自存也。資本家既主有工廠及機器，工人之求生活者又接踵而來。其結果則工作時間之長、工人工價之賤，一任資本家之規定。工人之特出者或可望成資本家，而中人以下者則終身從事於工作之一業。自資本家與工人應如何分配其利益之問題起，今日人工與資本之難題遂從此發生矣。

（六）工廠中女子及幼童　　自家庭工業制推翻以後，其影響並及於女子及幼童。工廠既立，機器日有發明。除鉅大工作外，如鍊鋼造船等，女子與幼童之入廠工作者日增月盛。試舉其例，英國之紡織業自一八四二年至一八九一年五十年間，男工之增加率爲百分之五十三，而女工爲百分之二百二十一。當蒸氣機未發明以前，幼童之工作多以簡單者爲限，如揀棉是也。至於今日，則

看守機器，接續紗線等事，女子及幼童均優爲之，而
其工資並可較男子爲賤。當家庭工業制度未廢以
前，爲女子者並不閑惰。不過其工作複雜，而且在
家中任之。至於今日，則氣笛一鳴，爲女工者不得
不羣趨於工廠。流弊因之而發生，政府乃有補救之
方法。其顯著者雖已盡除，而女子與幼童之工作困
難仍未盡去。同時中流以上之女子，較十八世紀以
前爲閑。蓋昔日之需用手工品者，至是已代以工廠
製造品矣。

當工業革命以前，人民之生活及習慣無甚變
遷。自機器發明以來，人民風習隨之俱變。發明愈
多，變遷愈速。工業有新陳代謝之跡，工人事業亦
有時時變遷之虞。舊日陳陳相因之習既然破除，工
人僕役往來之行難以幸免。經驗既富，心思亦長。國
內有工黨，國際有公會，以研究工人之利益及政策
爲宗旨。

（七）工人所受之影響

工業革命之影響並及於商業。十八世紀以前，商
業雖已發達。然運輸不便，範圍不廣。自機器發明
以後，各國製造之品暢銷於世界之全部。歐洲、美
洲、澳洲、亞洲皆成貿易之場。一七八三年英國之
輸出品，尚不值一千四百萬磅，十三年後，乃達二
千九百萬磅。

（八）商業之擴充

自工業革命以後，政治思想爲之一變。中流社
會與工人兩級中人莫不加入政治潮流之中，以謀一
己之利益。十九世紀歐洲史，大部分爲中流社會與
工人合力與地主教士競爭之陳跡。非洲、亞洲之開

（九）政治上所受之影
響

放，實歐洲各國製造家競爭市場之結果。

中流社會　　　　　工商界中人本不滿意於貴族之把持政府，尤不滿意於政府之限制工商。蓋此種干涉政策始於中古，不適於今。而且足以妨害工商業之發達也。

經濟學　　　　　中流社會中人遂發達經濟學原理以謀自利。Adam Smith 卽此派學說之首創者，主張工業自由，政府不得橫加干涉。凡物價之高下、物質之優劣、工作時間之長短、工資之多寡等，均應聽其自然云。

個人主義　　　　此種經濟學原理實以個人主義爲根據。以爲判斷利害，以一己爲最明。若任其自然，則其成敗將以其賢愚爲標準。製造家旣有自由競爭之機，則物價必能達最低之率。工人之值可以因供給需要之公理而發生之自然律爲標準。此種原理頗爲富商鉅賈所主張，以爲不但可以產生快樂，而且有合於“天理”。凡政府及工人均不應破壞之。

工業革命之惡果　　上述之學說，雖言之成理，而實行甚難。巨城之中工人羣集，所謂快樂者僅少數富人享有之，而工人之貧困不堪者仍居多數。九歲以下之幼童，每日工作十二小時至十五小時不等。而女子之離其家庭工作於工廠中者又復接踵而至。完工之後，則不得不返居陋室，無異坐獄。

保護工人之法律　　Napoleon 敗亡之後，英國之工人狀況愈趨愈下，於是國內有補救改良之舉動。有主張擴充選舉權者，以爲一旦工人有代議之權利，卽可得法律之保障。此種運動，雖有資本家加入其中，而以工人爲主體。他日之“人民憲章”（People's　Charter）之運動，實肇基於此。

此外工人中並有工黨之組織，以便合力與資本　工黨之起源
家相抗。此實近世史上最重要事實之一。此種運動
始於十九世紀之初年。當時英國政府本有禁止工人
集合要求增薪之舉，犯者以大逆不道論罪。工人因
之被拘或被放者頗不乏人。至一八二四年，國會廢
去此種苛法，工黨遂日盛。然限制仍甚嚴密也。至
今工黨之組織雖遍傳於世界各國，然此種組織是否
爲改良工人狀況之最良方法，則尚未敢武斷也。

改良工人地位之第三法，卽爲"社會主義"（so-　社會主義
cialism）。五十年來，"社會主義"大有影響於歐洲
史，茲故不厭詳盡，述其意義如下。

第四節　社會主義之興起

社會主義之原理，以爲生產機關應屬於社會，不　生產機關公有之主張
應屬於私人，然"生產機關"之爲義甚泛，凡田園
器具，皆可包括在內。而社會主義家之意，則所謂
"生產機關"者，似係專指機器、工廠、鐵道、輪船
而言。總而言之，社會黨人之主張，在於各種大工
業不應握諸私人之手而已。以爲工廠爲資本家所獨
有，於理不合。並謂同盟要求增薪之舉斷非治本之
法，因近世之工業制度實予少數人以獲利之機，已
屬謬誤，非根本改革不可也。工人爲資本家之"工

資奴隸"（wage slave），失去自由。補救之法，莫過於將各種大工業變成公有，使全部人民均蒙其利。若輩以爲此種之理想社會將來必有實現之一日，卽所謂同力合作之共和國（Cooporative Common-wealth）是也。

最初之社會黨人每冀賴資本家之善意以實現其主義。夢想將來有開明之日，使社會無困苦之人。英國富人 Robert Owen 卽主張此種原理之最著者，當 Napoleon 戰後，於英國極有勢力者也。社會主義之名詞實始於彼。其在法國，則將近十九世紀中葉時，社會主義之著作風行一世，其勢力亦正不小。

然近世之社會黨人多以昔日之社會黨人爲夢想有餘，而實行無法。以爲富人斷無放棄其工業之意。故提倡社會主義，當專從工人方面入手，使之曉然於社會主義之有利無弊，激之使與資本家抗爭以實現其主義。並謂富之產生專恃工作，資本之用專在供給機會而已。是則工人應享工作所得之結果，寧非合理之事？

近世最著名之"社會主義"著作家，首推德國人 Karl Marx。彼一生多居於倫敦，學問淵博，對於哲學及經濟學研究尤精。嘗讀歷史，斷言將來工人之起而代資本家，正如昔日資本家之起而代貴族。所謂工人者，指專賴工作而生活之人而言。自工廠制度發生以來，工人乃不得不受資本家之約束。Marx 於一八四七年曾與 Frederick Engels 合著《共產宣言》（*Communist Manifesto*）公諸平民，令其起奪生

最初之社會黨人

後日之社會黨人

Karl Marx

產之機關以爲己有。宣言之在當日雖無影響，然至今社會黨人尚視同玉律金科也。

故近世之社會主議或 Marx 之社會主義，實一種工人之運動，而爲民主主義發達史之一部分。假使工業私有之制依然存在，衆貧獨富之象未能革除，則枝節之改良於事無濟。故社會主義家必欲工人不失其唯一之目的，不受他種政黨之牽制，必俟同力合作之共和國建設成功而後已。

社會主義及民主主義

社會主義之在今日，不但爲一種國內之運動，而且成爲一種國際之運動。視他國工人之舉動爲抵抗工人公敵之方法。所謂公敵者，卽資本主義是也。故一九一四年以前之社會主義實維持國際和平之一種大力也。自一九一四年大戰之後，露西亞忽發生一種極其激烈之社會主義，卽德國亦一變而爲社會主義之共和國。此種運動凡研究歷史者均應明瞭者也。

社會主義爲一種國際運動

第十六章　一八四八年之法國革命

第一節　Louis Philippe政府之不滿人意

Louis Philippe 之性質

　　有一八三〇年之革命，法國君權神授之說遂不復存。Louis Philippe 所承認之《憲章》已有統治權屬諸人民之宣言。彼於舊日"天命法國人之王"（King of the French by the Grace of God）稱號之上，並冠以"民意"（and the will of the nation）二字。然此皆外表而已，人民之得參與政治者仍屬少數。改訂之選舉法雖將選民年齡自四十減至三十，財產限制亦減去三分之一，然大多數之人民仍無參政之機會。而法國王則宣言彼之政策實介於保守精神與維新精神之間之"中庸主義"（golden mean）。

正統黨

　　故其時反對"七月王政"者實有二黨：一爲正統黨（Legitimists），一爲共和黨。前者擁戴 Charles 第十之孫，稱之爲 Henry 第五。此黨人數較少，類皆貴族、教士二級中人，不常用暴烈之方法。

至於共和黨則大異是。此輩黨人每念一七九三　　　共和黨
年之革命而不能忘，頗抱捲土重來之意。其革命運
動多持祕密結社以傳播於各大城中，與伊大利之燒
炭黨無異。鑒於一八三○年革命成功之易，屢起叛
亂，卒不得逞。

同時，共和黨並組織報館，以攻擊政府及國王　　　政府之壓制共和黨
爲事。政府惡之，乃嚴訂監視集會及檢查出版之
法。共和黨之勢益衰落不振。

同時巨城之中，社會黨人日多一日。改革政體　　　社會黨
及擴充選舉權諸事已不足以滿其意。若輩鑒於數十
年來之政變，雖由共和而帝國，再由帝國而王國，猶
是陳陳相因。至於憲法之編訂修改雖不一次，而人
民之困苦猶昔。又鑒於昔日之中流社會有剝奪貴族
教士特權之舉，則今日之工人又何嘗不可有平分富
民財產之行？

當法國大革命時代，已有非議私有財產及貧富　　　Baboeuf 當恐怖時代所
不均之人，然注意者蓋寡。Baboeuf（一七六○年至　主張之社會主義制度
一七九七年）於“恐怖時代”曾宣言政治革命不足
以變更人民之狀況，則經濟革命尚矣。“當吾見無衣
無鞋之工人，又思不耕而食不織而衣之少數人，吾
乃曉然於今日之政府，猶是昔日以少數壓制多數之
舊，所不同者，形式而已。”彼主張一切財產應歸國
有，使人民皆有自食其力之機。此說一出，聞者莫
不首肯，並組織一會以宣傳之。不久被禁，而 Baboeuf
並被殺。然其著述已不脛而走。自有一八三○年之
七月革命，社會黨人又漸形蠢動矣。

烏託邦派之社會黨　　　　社會黨人中亦有富於夢想者。如 Fourier 輩主張同力合作之工人應組織成羣，自食其力，而以互助爲主。Fourier 並希望慈善家能提倡之。此種思想實與英國 Robert Owen 之主張無異。又有 Louis Blane 者其主張與 Fourier 異。彼於一八三九年著《勞工之組織》（ *The Organization of Labor* ）一書公之於世。宣言工作爲人類之權利，預備工作則爲政府之責任。故政府應出資設國立工場，由工人負管理之責，所獲利益分諸工人。如是則資本家之階級不廢而自廢。《勞工之組織》一書遂成工黨之戰聲。卽在下議院中亦時有所聞。然當日尚未有正式組織之社會黨也。

Thiers 與 Guizot 之意見　　　　其時法國政權實握諸二黨人之手。一以 Thiers 爲領袖，一以 Guizot 爲領袖。此二人皆以長於史學、文學名於世。Thiers 頗醉心於英國之憲政，常謂“英國王爲統而不治理”之人。Guizot 則甚願君主握有實權，不應高踞“虛座”（ empty armchair ）。並謂法國憲法已無更張之必要。彼於一八四〇年任內閣總理之職，前後凡八年。爲人雖忠厚誠實，然其吏治不修，綱紀不振，極爲國人所指摘。有非議者，則以嚴厲方法處置之——如警察之監視及新聞記者之被殺是也。彼對於改良工人之狀況及擴充人民之選舉權，始終反對，蓋以爲法國人民之“能獨立而投票適當者”尚不及十萬人而已。保守過度，卒釀成革命之禍。

第二節　第二次法蘭西共和國

一八四八年二月，巴黎城中叛黨有暴動之舉，法　　**巴黎之二月革命**
國王懼甚。Guizot 不得已辭職而去。然叛黨以爲僅
變更閣員實不足以滿其意。二十三日之晚，叛黨羣
集於 Guizot 所居之外交部公署，署中護兵鎗傷叛徒
數人。叛徒益憤，乃將車載屍明火以游於通衢之
上。天尚未明，巴黎城之東部已全爲叛黨所佔。

二十四日，巴黎全部皆入於叛黨之手。Louis Phil-　　**Louis Philippe 之退位**
ippe 不得已宣告退位，傳王位於其孫巴黎伯。然共
和黨及工黨中人已不欲王政之復見，卽於是日下午
宣布共和，以待他日國民議會之追認。

共和黨中之和平者以廢止王政爲滿足，而工黨　　**工黨之得勢**
則因此次革命有功，必欲實現 Louis Blanc 之計畫以
爲快。迨臨時政府下令建設 "國立工場"（national
workshops），命工部大臣負施行之責。

同時，政府幷於 Luxembourg 宮，卽貴族院之舊　　**工業特派委員會**
址，設工業特派委員會一處，負維持工人利益之
責。此舉實反對社會黨者之妙策。蓋如是可使工黨
中人遠離臨時政府所在之市政廳。一任其高談闊
論，終無經費可資實行也。

Luxembourg 委員會以 Louis Blanc 及工黨首領　　**工人國會**
名 Albert 者爲領袖，於三月一日開第一次會議，遂

着手組織工人國會，其議員以各業代表充之。工人國會於三月十日開會。開會之時，Blan 起言此地爲昔日貴族院之舊址，曾立法以壓制工人者，今工人竟有集會於此之舉，不勝感慨云云。又謂"昔日佔此席者，非身衣錦繡，光耀奪目之人耶？而今則何如？諸君衣服之破爛，無非正當作工之所致，或係此次突衝之標幟。"然工人國會絕無成績，因政府未嘗以經費予之也。故 Louis Blanc 輩無力以實行其國立工場之計畫。

國立工場爲一種權宜之計

臨時政府雖有下令建設國立工場及擔保國人工作之舉，然其用意與工黨之委員會實不相同。Louis Blanc 輩之意，本欲使各種工業成爲永久自給之工業，由政府出資，由工人辦理。而臨時政府之意，則無非出此空言藉資搪塞。雖實行工賑之舉，然皆係無用之職業。工人結隊成羣日以掘溝築城爲事，每日人得二佛郎。而工務大臣卽反對國立工場之最力者。國立工場於三月一日開始，十五日間，工人之數卽達六千人。至四月間，人數驟增至十萬，工資所費達數百萬佛郎。此種計畫與政府之目的適合——卽保守黨之勢力未恢復以前，必使賦閑無事之工人無擾亂秩序之機會是也。

國民議會不表同情於社會主義

五月四日，臨時政府解散，國民議會起而代之，以編訂共和憲法爲目的。議員大都爲溫和之共和黨人，極反對社會主義之趨向。而鄉間農民之代表尤反對巴黎工人之計畫及要求。

一八四八年之"六月天"

國民議會鑒於工人之日多，國庫之日匱，乃議

決廢止國立工場，令工人轉入行伍，或離巴黎城。工
人大憤，遂有極其激烈之巷戰。自六月二十三日起
至二十六日止，工人所居之區秩序大亂。國民議會
予 Cavaignac 將軍以平定叛亂之全權。政府之軍隊大
勝。懲辦亂黨極其慘酷。市民之非法被逐者凡四千
人，報館之被封禁者凡三十二處。並拘禁工黨中之
著作家。秩序不久恢復。然可怖之"六月天"，至今
巴黎工人念及之，尚切齒於資本家而未已也。

　　叛亂既平，國民議會乃着手於憲法之編訂。議 憲法之編訂
會中雖有少數有力之王黨，然開會之始議會卽有贊
成共和之宣言。重提"自由、平等、博愛"，之格言，勸
國人捐棄宿怨，合爲一家。凡六閱月而憲法告成。宣
言統治權屬於國民，並擔保宗教及出版之自由。國
會取一院制，凡人民皆有選舉權。設總統一，由人
民選舉之，任期四年。

　　憲法既宣布，遂定一八四八年十二月十日爲選 總統之候補者
舉總統之期。其時候補者有三人：一爲 Ledru-Rollin
代表工黨。一爲 Gavaignac 上將，平亂有功。一爲 Napo-
leon 第一之姪 Louis Napoleon。

　　Louis Napoleon 一生之境遇最爲奇離。當其父爲 Louis Napoleon 境遇之
奇離
荷蘭王時，彼生於巴黎。其伯父敗亡時，彼年僅六
歲，與其母並被逐於法國之外。嗣後流離失所者凡
數年。其母嘗告之曰，凡名 Bonaparte 者，必能成大
事於世界之上者也。自此彼遂抱光復舊物之志。

　　自一八三二年 Napoleon 第一之子去世後，Louis Louis Napoleon 著《Na-
poleon 之觀念》
Napoleon 遂自命爲應承皇統之人。四年之後，曾欲

煽動 Strassburg 之軍隊擁戴一己爲皇帝。敗而走居於
英國。一八三九年，著《Napoleon 之觀念》一書公
之於世。意謂 Napoleon 第一實革命原理之僕，其帝
國爲人民權利之保障，而彼之欲望在於民主主義之
進步。總之其著書之意無非以 Napoleon 第一爲愛民
之人，而爲暴君所傾覆。一八四〇年，Louis Napoleon
以爲入法國之時機已到，又思一逞。偕同志數人於
Boulogne 登岸，攜馴鷹一隻自隨，視爲帝國之徽。不
意又敗，被禁於堡壘之中。一八四六年，復遁入英
國，以待時機之至。

Louis Napoleon 之返國

一八四八年革命事起，Louis Napoleon 返國之機
又至。共和宣布後四日，彼忽現身於巴黎。投入臨
時政府，宣言願盡其力以援助之。並謂除服務國家
之外，別無他意。不久，被選爲國民議會議員，頗
得巴黎市民之歡心。

Louis Napoleon 被選爲
總統

彼素以民主黨人自命，宣言深信統治權屬於人
民之理，屢著文以表示其同情於工黨。彼并以熱心
於 Louis Blanc 之計畫聞於時。至是乃出而爲總統之
候補者。宣言當選後，願竭力爲工人謀利益。然同
時又明言不承認社會主義之計畫，而以維持秩序，保
護財產之說，以示好於中流社會。卒以五百五十萬
票之大多數當選爲總統。其他二候補者，合得一百
五十萬票而已。

第三節　Louis Napoleon與
第二次法蘭西帝國

　　Louis Napoleon 既被選爲總統，不久卽有建設帝
制之意。先着手於憲法之修改，任期自四年延長至
十年。國務大臣多以親友任之。與軍隊及官吏亦復
多方交好，以得其懽心。同時並巡行國內，遍問民
間疾苦。

Louis Napoleon 建設帝
制之計

　　其時國民議會頗持異議。彼乃密謀實行政變之
舉。一八五一年十二月一日之晚，召密友數人赴宮
中，告以實行政變之計畫。次日早晨，巴黎城牆之
上已滿張總統之命令，宣布解散國會，復行普選，及
舉行新選舉。

一八五一年之政變

　　最後並以下述之事提付國民公決之：“法國人民
願維持 Louis Napoleon Bonaparte 之權力，並付以改
訂憲法之權，而以十二月二日之布告爲根據。”凡法
國人年在二十一歲以上者，均得可否之。據政府之報
告，則認可者七百七十四萬人，反對者六十四萬六千
人，此種計數雖不可恃，然法國人之贊成政變實無疑
義。昔日 Napoleon 第一之 “立憲專制”（Constitutional
absolutism）於是復見。

國民投票予總統以軍政
全權

　　十二月四日，巴黎雖稍有流血之跡，然此次革
命之性質實甚和平。國內反對黨之被逮者凡十萬

一八五一年政變之和平

人，被逐者凡萬人，而多數國民初無異議。工人則以主張一八四八年六月流血之政客至是無不失敗，亦復引爲大快。

帝國之復現

至是，法國總統大權獨攬。任命官吏，提議法律，宣戰、媾和諸大權，無不在彼一人之手。事實上雖已與皇帝無異，然彼必欲並其名而得之。凡彼所到之處，人民多向之呼"皇帝萬歲！"益足以徵民心之傾向。此種民情雖當日官吏有意造成，然 Napoleon 之名極足以激起人民嚮往之思，使之具帝國中興之望也。一八五二年之冬，Louis Napoleon 在 Bordeux 地方宣言，彼信廢止第二次共和政府之時機已至。上院議員多黨於 Louis Napoleon 者，至是議決勸進，稱之爲法國皇帝 Napoleon 第三。十一月，將勸進之議案提付國民公決之，卒以大多數通過。Louis Napoleon 之夢想乃竟實現，而 Napoleon 之帝祚乃竟中興。

Napoleon 第三之專制

Napoleon 第三在位十年實甚專制。憲法中名雖保存革命之原理，然不久卽有廢止出版自由之令。凡新聞紙或雜誌之以討論政治、經濟爲事者，非經政府之允許，不得印行，而且政府官吏得任意封禁各種新聞紙。Napoleon 第三雖允許教授之自由，然大學教員均需宣忠於皇帝之誓。並竭力限制歷史及哲學等科之講授。凡大學教授不得留鬚，"以便除盡無政府主義遺跡之表示"。

法國之盛隆（一八五二年至一八七〇年）

政府雖甚專制，而法國之狀況頗有家給人足之觀。皇帝雖擅權，然頗具開明之想。利民之事不一

而足，興築鐵道、幹線至是落成，巴黎城之美麗亦
復日有進步，狹小道路無不變成廣衢。一八五五年
之展覽會尤足以徵明法國工業及科學之進步。各種
進步雖不始於此時，而集其大成則實在帝國之日。而
且至一八七〇年，又有改訂憲法及建設責任內閣之
舉。假使無外患之交乘，則 Napoleon 第三名譽之
隆，在位之久，正未可量也。

第十七章　一八四八年之革命——奧大利、德意志、伊大利

第一節　Metternich之失敗

一八四八年革命之主張較一七九三年之主張爲廣

Metternich 聞法國有二月之革命，大懼，宣言"今日之歐洲，無異一七九三年之第二"。然五十年來，歐洲已經過極大之變化。當一八四八年時，《人權宣言》中之原理早已風行一世。如民主政治也、出版自由也、法律平等也、廢除舊制也，皆當日新黨中人之主張也。加以自 Napoleon 時代以來，民族精神日興月盛，頗足以激起反對舊制之情。而且自工業革命以來，大多數之人民皆現蠢動之象。爲工人維護利益之著作家不一其人，在法國、英國二國尤著。故在一八四八年時，人類權利之外，並有民族權利及工人權利之爭矣。

一八四八年之革命遍及西歐各國

西部歐洲各國之新黨鑒於法國二月革命之成功，無不躍躍欲試。其在英國，則有憲章黨（Chartists）力爭選舉權之運動。至於瑞士，則內亂

248

方終，廢一八一四年之憲法，另以新者代之。然一
八四八年之擾亂，除法國外，首推德國，蓋受 Metter-
nich 之厭制已四十年矣。

　　欲知一八四八年之革命，不能不先考奧大利國內　　奧大利國內種族之複雜
種族之組織如何。Vienna 以西，至瑞士及 Bavaria 止，為
德國人所居之地。南部 Carniola、Styria、Carinthia 及
Istria 諸省，類多 Slav 種人。至於北部 Bohemia 與
Moravia 諸省，大都為 Czech 種人。與露西亞交界之
處，則有波蘭人。至於匈牙利王國之內，除居於 Danube
河流域之 Magyar 種人外，東南有 Roumania 人，西南
有 Croat 種人，Alps 山外之 Lombardo-Venetia 王國，則
純屬伊大利人。就中以奧大利之德國人、匈牙利之
Magyar 種人、Bohemia 之 Czech 種人及 Lombardy 與
Venetia 之伊大利人，為最有勢力。

　　奧大利帝國之內，皇帝統治於上，有任免官吏　　奧大利之政府
之權。立法、徵稅及國用，均無需國民之同意。新
聞紙、書籍、戲院、教員等，無不受嚴密之監視，以
防止新思想之輸入。無政府護照者不得有出國旅行
之舉。故西部歐洲之思想無從輸入奧大利。而
Metternich 嘗以奧大利各大學內無科學精神之發生
為幸。貴族之享有特權，依然如昔。教士之勢力宏
大，與舊日同。不奉舊教者不得充任政府中之官吏。

　　匈牙利王國之政權純在 Magyar 種貴族之手。雖　　匈牙利之貴族
有兩院制之國會，然上院為貴族之機關，而下院則
為地主所佔有。Magyar 種人雖不及全國人數之半，然
其力足以厭制 Croat 種人、Roumania 人及 Slovak 種

人而有餘。其時國內亦頗有開明之新黨，主張國會公開、國會議事錄之印刷、國會會期每年一次之規定、賦稅之平等、農民徭役之廢除等。

　　政府中人莫不盡力以壓抑新黨爲能事。關於改革之演講錄不得印刷，並因新黨首領 Kossuth（一八〇二年至一八九四年）有傳抄演講稿之事，捕而監禁之。Kossuth 不久被釋，乃設報館於 Pesth，鼓吹匈牙利政治之改革及奧大利干涉之抵抗。力主廢止封建之特權，引用陪審之制度及修改苛虐之刑法等。Lombardo-Venetia 之伊大利人亦不滿於當日之政府。奧大利在伊大利方面之政權多操諸警察及法官之手，凡有主張伊大利人之權利者無不任意逮捕而監禁之。關稅制度純在增加帝國之府庫，摧殘伊大利之工業。國內要塞無不有奧大利之軍隊屯駐其中，以爲平亂之用。

　　故法國二月革命之事起，德國、奧大利、匈牙利及伊大利之人民，莫不蠢動，以傾覆 Metternich 之制度爲目的。一八四八年三月十三日，Vienna 城中之學生成羣結隊，以向地方議事廳而進，市民附和追隨者頗衆。人數旣增，乃有填築壁壘，實行巷戰之舉，“與 Metternich 俱亡！”之呼聲，傳入宮內。Metternich 知革命之端旣開，聲勢洶洶，已不可復遏，乃有辭職之舉，遂遁走英國。Wellington 公歡迎之。Metternich 旣遁，奧大利皇帝乃下令改組內閣，着手於憲法之編訂。

第二節　中部歐洲之革命

Vienna 暴動後之二日，Pressburg 之匈牙利國會　　匈牙利之改革
遣代表赴奧大利京，要求皇帝實行責任內閣制，允許
出版之自由，適用陪審之制度及提倡國民教育之普
及。於是匈牙利國會受 Kossuth 之運動，廢昔日奧大
利皇帝所派之官吏，另設財政、陸軍、外交三部以代
之。獨立之機益迫。同時並釋放佃奴，不予地主以賠
償。匈牙利王至是已無力厭制矣。

三月十五日，Prague 城中之 Czech 種人亦開國　　Prague 之暴動
民大會，要求民法上之自由及佃奴制之廢止。行鄭
重之《聖餐禮》，乃送代表乘專車前赴 Vienna。奧大
利皇帝向 Bohemia 代表用 Czeeh 語表示其允許之
意，代表等大悅。蓋是時匈牙利及 Bohemia 之愛國
志士並無傾覆帝室之意也。

至於奧大利之在伊大利，素為彼邦人士所痛　　伊大利之三月革命
恨。Metternich 失敗之消息傳來，Milan 人遂逐奧大
利軍隊於城外。不久，Lombardy 之大部已無奧大利
軍隊之足跡。Venice 人亦繼 Milan 人之後，起而重建
共和國。Milan 人深知來日方長，外患未已，乃求援
於 Sardinia 王 Charles Albert。至三月中旬，伊大利半
島之大部分無不紛紛暴動。Naples、羅馬、Tuscany、
及 Piemdont 諸國之君主，亦相繼宣布立憲。Sardinia
王迫於清議，不得不為驅逐奧大利人之領袖，而為

將來統一之初步。羅馬教皇 Pius 第十及 Naples 王均允出兵以爭得伊大利之自由。伊大利之獨立戰爭實始於此。

普魯士人之要求立憲

奧大利既有內憂，又有外患，遂無力以厭制德國之諸邦。故 Baden、Wurtemberg、Bavaria 及 Saxony 諸國，同時均起暴動。巴黎二月革命之消息傳來，柏林大震，乃有舉代表謁王要求立憲之舉。三月十八日，市民羣集於王宮之外，警察欲解散之，遂相衝突。叛黨亦仿巴黎市民之舉動，於街衢之上高築壁壘，爲戰守之備。Frederick William 第四雅不欲有秩序擾亂或革命流血之舉，乃允許召集議會以編訂憲法。

德國國民議會之召集及憲法之編訂

Metternich 既失勢，德國頗有改組同盟，籌畫統一之希望。同盟公會被新黨之厭迫議決召集國民議會，以各邦民選之代表組織之。一八四八年五月十八日，開議會於 Frankfort 城，着手於憲法之編訂。

第三節　Bohemia及匈牙利革命之失敗

三月革命之希望

當一八四八年三月下旬時，革命之前途似極有希望。匈牙利及 Bohemia 已得其欲得之權利。Vienna 之委員會又正在編訂奧大利各省之憲法。伊大利半島中諸國之有憲法者，已得其四。普魯士則有召集議會編訂憲法之允許。而德國全國又正有 Frankfort

之議會，實行修訂憲法之舉。

　　然改革事業雖似勝利，而其困難亦日甚一日。蓋各國中之新黨莫不四分五裂，致與舊黨以恢復舊日勢力之機也。

新黨之分裂利於舊黨之恢復勢力

　　舊黨之勝利實始於 Bohemia 有種族之爭，卒致奧大利皇帝有恢復勢力之日。Czech 種人本仇視德國人，而德國人又懼 Czech 種人一旦自由，將有壓制德國人之舉動。故德國人極不願 Bohemia 之離奧大利而獨立，蓋若輩之保護者乃 Vienna 之政府，而非 Czech 種之同胞也。Bohemia 之德國人並欲遣代表赴 Frankfort 之憲法會議冀列於德國同盟諸邦之林。

Bohemia 之德人與 Czech 種人意見之不同

　　至於 Czech 種人方面，則頗欲破壞德國人之聯合運動，乃有召集奧大利帝國內 Slav 種人開聯合 Slav 公會之舉。一八四八年六月初旬，開公會於 Prague。凡北部之 Czech 種人、Moravian 種人及 Ruthenian 種人，南部之 Serbia 人及 Croat 種人，皆舉代表赴會。不幸各種方言相去甚遠，不得已而用法國文，代表中仍多不諳者，乃卒用德國文。

Slav 公會不能用德語

　　公會雖開會多日，毫無成績。當六月十二日公會將解散之際，忽有學生及工人高唱 Bohemia 歌，並謾罵奧大利駐在 Prague 之將軍 Windischgrätz，因其態度甚爲傲慢也，遂與兵士衝突而有巷戰之舉，隨有人攻將軍之住室。六月十七日，奧大利軍用礮攻 Prague 城，房屋燒燬無算。次日，宣布革命之定，此爲奧大利戰勝叛黨之第一次。

Windischgrätz 平定 Bohemia 之叛

　　其在 Vienna，形勢愈惡。皇帝於五月十八日懼

Windischgrätz 攻陷 Vienna

253

而遁走 Innsbruck。叛黨乃建設臨時政府，召集議會，以編訂憲法，然一無所成，同時秩序之擾亂益甚。帝國政府已無能力。Windischgrätz 乃宣布其直搗 Vienna 之意。皇帝允之。Vienna 人死力守城，卒因不敵而敗。Windischgrätz 以礮攻之，於十月三十一日入其城，市民被殺者無算。

Francis Joseph 入卽帝位

奧大利皇帝乃改組內閣，任 Schwartzenberg 爲總理，其保守專制與 Metternich 無異。逼皇帝 Ferdinand 退職，傳其位於其姪 Francis Joseph。

Magyar 種人與 Slav 種人之不和

當 Metternich 失敗之初，奧大利皇帝本無反對匈牙利要求之能力，而匈牙利幾達於完全獨立之境。然民族主義漸普及於匈牙利王國中之他種人。匈牙利、奧大利、土耳其三國中之 Slav 種人久有聯合建國於南方之意。當 Magyar 種人強欲 Croat 種人應用匈牙利語言時，Croat 種人之領袖曾言"爾輩 Magyar 種人，不過 Slav 洋中之一島而已。毋使大浪忽興，將爾輩淹沒"。故 Croat 種人與 Serbia 人大都與 Vienna 政府交好，以備與匈牙利戰。

奧大利平定匈牙利之叛

奧大利皇帝至是一反昔日因循之舊，於十月三日下令宣布解散匈牙利之國會，并宣告國會之議案爲無效。十二月，Windischgrätz 率兵入匈牙利，次年一月五日入 Pesth 城。然匈牙利人又爲 Kossuth 所激起，羣起叛亂，於一八四九年四月十九日宣布完全永久與 Vienna 政府分離。不意露西亞皇帝忽有援助奧大利之舉。露西亞軍隊十五萬人自東來攻，匈牙利力薄不能支，八月中休戰。奧大利大懲叛黨，叛

黨之被殺被拘者，數以千計。Kossuth 輩多遁往英國
及北美洲合衆國。古代之匈牙利王國至是幾夷爲奧
大利之行省。然此後不二十年間，匈牙利卒得其欲
得之獨立。歐洲大戰以後完全與奧大利分離矣。

第四節　奧大利恢復伊大利之勢力

奧大利恢復伊大利之勢力，其成功與在匈牙利
同。伊大利人始終不能逐奧大利軍隊於國外。其時
奧大利軍爲名將 Radetzky 所統率，駐於 Mantua 附
近，有四大要塞保護之。Sardinia 王 Charles Albert
除少數志願軍外，不得其餘諸國之援助。奧大利之
最好同盟莫過於伊大利諸國之袖手。羅馬教皇 Pius
第九宣言彼之任務在於維持國際之和平，而奧大利
又爲維護羅馬舊教之至友，故不願傷至友之情，而
破和平之局。Naples 王亦有召回軍隊之舉。七月二
十五日，Charles Albert 爲奧大利軍戰敗於 Custozza
地方，不得已與奧大利訂休戰之約，撤其軍隊於 Lom-
bardy 之外。

然伊大利之共和黨人並不因此而喪氣。Florence
亦繼 Venice 之後宣布共和。至於羅馬，則主張革新
之 Rossi 於十一月間被人暗殺而死，教皇遁走
Naples。革命黨人乃召集憲法議會，於一八四九年二
月間，因聽 Mazzin 之言，宣布廢止教皇之政權，建

伊大利人之失敗

伊大利共和黨之政策

設羅馬共和國。

奧大利再敗 Sardinia 軍

當伊大利各處多事之日，正 Piedmont 與奧大利休戰條約終止之期。一八四九年三月，兩國之戰端再啟。先後不過五日而已，奧大利軍隊復大敗 Sardinia 軍於 Novara，時三月二十三日也。伊大利獨立之希望至是乃絕。Charles Albert 退職，傳其位於其子 Victor Emmanuel 第二，卽他日改 Sardinia 王之稱號爲伊大利王之人也。

奧大利在伊大利勢力之恢復

奧大利乘戰勝之餘威，向南而下，以恢復昔日之舊制。新建之共和國仍行消滅。羅馬、Tuscany 及 Venice 均恢復其原狀。半島中諸邦之憲法，除 Piedmont 外，無不一掃而空。至於 Piedmont 之 Victor Emmanuel 第二不但保其父所傳之代議制，而且廣聘新黨之名人爲他日率領諸國驅逐奧大利人之預備。

第五節　一八四八年德國革命之結果

德國聯合之範圍問題

至於德國、奧大利，亦因其有內亂而得收漁人之利。一八四八年五月十八日，國民議會開會於 Frankfort，以議員約六百人組織之，遂着手於憲法之編定。然將來新國之境界爲何？一八一五年之同盟，並不包有全部普魯士之德國人，而實包有奧大利西部之異種。普魯士之領土，使之全入於新國之中，固屬易事。而奧大利則何如？不得已決定凡一八一五

年奧大利領土之附屬同盟者仍允其依舊。因此建設
統一之國家勢有所不能。蓋新國中普魯士與奧大利
兩雄並立，又誰願甘居人下者？故所謂統一之新
國，猶是昔日複雜散漫之舊。

　　Frankfort 議會之措置不當，益增統一上之因
難。不急着手於新政府之組織，坐費數月之光陰於
規定公民權利之上。迨憲法將告成功之日，正奧大
利勢力恢復之秋。保守精神於以復盛，遂聯絡南部
德國諸邦，合力以反對新政。

Frankfort 議會之失策

　　雖有奧大利之反對，然議會所編之憲法卒告成
功。規定國中應有世襲皇帝一人，請普魯士王任
之。Frederick Wiliam 第四本主張新政者，因有柏林
之暴動遂一變其政策。而且彼本膽怯之人，心存保
守主義。既恨革命之舉動，又疑議會究竟有無率上
尊號之權。加以彼向重視奧大利，誠恐一旦稱帝，有
傷奧大利之感情，萬一宣戰，實甚危險。故於一八
四九年四月，不允稱帝，並憲法而否認之。國民議
會之一年事業至此毫無結果，代表遂星散。奧大利
力主恢復舊日之公會，德國乃再返於舊日四分五裂
之域中。

議會之失敗及其解散

　　一八四八年之革命雖無結果之可言，獨普魯士
有宣布憲法之舉，於德國之將來頗有關係。法國革
命之傳入柏林及普魯士王之允許立憲，前已述及
矣。是年五月，憲法會議開會於柏林。提議廢止貴
族及刪除國王稱號上“天命”二字。同時城中工人
蠢蠢欲動，於六月十四日圍攻兵工廠。普魯士王大

普魯士之立憲

懼，退居 Potsdam，乃令會議移往 Brandenburg。會
議中人不允，遂被解散。一八四九年，普魯士王另
編憲法，再愼選憲法會議以討論之，於一八五〇年
一月頒布。他日雖稍有修改，然爲普魯士之國憲者
垂六十餘年，至歐洲大戰告終時方廢。

新黨之失望

普魯士新黨之希望民主政體者至是無不失
望。雖有內閣，而其責任則對於君主負之。國會採
二院制：曰貴族院，以親王、貴族、國王特任之終
身貴族、大學校代表及巨城之知事等組織之。曰代
表院。

普魯士之選舉制

下院議員之選舉採複選制，凡年在二十五歲之
公民皆有選舉之權。以初選當選之人選舉國會之議
員。然根據其憲法之規定，則選舉中富民之勢力特
巨。凡納稅較多之人其數目達國稅總數三分之一
者，共得選出初選當選人三分之一，第二等納稅得
總數三分之一者，亦如之。至於多數貧民年納之稅
爲數甚微，故其人數較衆，然亦僅得選出初選當選
人三分之一。故偶有富人年或納稅達總數三分之一
者，則其一人之選舉權竟可與該處全部貧民相等云。

第十八章　伊大利之統一

第一節　統一伊大利之計畫

伊大利新黨驅逐奧大利人及建設立憲政府諸　一八五〇年之伊大利
舉，無不失敗。自 Novara 戰後，伊大利之政情幾有
恢復舊狀之險。Naples 王既不實踐其立憲之言，且
有懲罰革命黨之舉。羅馬教皇因得法國、奧大利、
西班牙及 Naples 之援助，竟能覆滅羅馬共和國。至
於北部伊大利，奧大利之勢力依然存在。Modena、
Parma 及 Tuscany 諸邦之元首無不仰奧大利之鼻息以
望其保護。然革命黨人之逃亡在外者仍日以驅逐奧
大利及統一伊大利爲職志。

然自 Napoleon 第一失敗以來，伊大利之新黨對　新黨意見之紛歧
於統一之目的雖同，而對於方法之意見則異。共和
黨人則深惡君主政體，而渴望共和。又有主張擁戴
羅馬教皇爲統一半島之元首者。此外又有希望
Sardinia 王爲解放伊大利之領袖者。一八四八年之革
命完全失敗，而 Sardinia 之君主年富力強，並允立憲。

共和黨中之著名領袖，首推 Giuseppe Mazzini　Mazzini

259

（一八〇五年至一八七二年），有識而多才。自幼卽
醉心於革命，不久入燒炭黨，於一八三〇年爲警察
所逮，拘於 Genoa 之西 Savona 礟壘中。然仍能用密
碼與他處革命黨通聲氣。

少年伊大利   Mazini 鑒於燒炭黨之無用，乃組織新黨曰少年
伊大利，以養成伊大利青年之共和思想爲目
的。Mazzini 以爲君主及外援皆不可恃。主張建設統
一共和國，蓋恐聯邦之制，國勢散漫，有強鄰入逼
之虞也。然 Mazzini 雖能激起人民愛國之熱忱，而乏
實行之能力。同時志士之中，亦頗有主張擁戴羅馬
教皇爲聯邦之首領者。

Victor Emmanuel 之開明   然伊大利之將來旣不系於共和黨，亦不系於教
皇黨，而實屬於 Sardinia 王。伊大利之獨立必自驅逐
奧大利人於國外始，而驅逐奧大利人之事唯彼優爲
之。故志士之具有實行能力者無不傾心於彼之一
身。蓋自一八四八年以來，唯彼能與奧大利對壘，亦
唯彼能熱心於立憲政治也。Piedmont 之有憲法雖始
於一八四八年當其父在位之日，然彼能不顧奧大利
之要求，一意以維持憲法爲事。

Cavour 伯   Victor Emmanuel 第二頗有知人之明，卽位之
後，卽任 Cavour 伯（一八一〇年至一八六一年）以
國家大事。Cavour 主張立憲及統一甚力，固近世有
名政治家之一也。然彼以爲欲謀伊大利之統一，非
藉外力之援助不可，蓋 Sardinia 之壤地褊小，國力太
微也。人口不過五百萬，國內分爲四區，各區又復
互相猜忌。若無他國之援助，又焉能希望統一之成

功？而諸國中彼以爲法國最爲可恃。嘗曰："無論吾人之好惡如何，吾人之將來實有賴於法國；遲早之間，歐洲必有運動會，而吾人必當爲法國之伴侶。"

第二節　法國皇帝 Napoleon第三與伊大利

不久，Sardinia 卽得與法國同盟之機會。一八五四年，英國、法國二國與露西亞有 Crimea 戰爭。次年，Cavour 與法國訂攻守同盟之約，遣兵赴 Crimea 以援助之。至一八五六年，巴黎開和平會議時，Sardinia 遂得列席之機會。Cavour 力言奧大利之佔有北部伊大利，實有擾亂歐洲和平之虞，並要求法國皇帝 Napoleon 第三援助伊大利之獨立。蓋法國皇帝昔日曾表同情於燒炭黨者也。

Sardinia 加入 Crimea 戰爭

Napoleon 第三之所以干涉伊大利，尚有他種原因。彼與 Napoleon 第一同，得位不正。彼知門閥名譽不甚足恃，欲得民心，非爲國立功不可。一旦援助同種之伊大利人以與奧大利戰，必能得國民之同情。法國並或可因此而擴充領土，而爲伊大利聯邦之保護者。故 Napoleon 第三與 Cavour 遂有密商之舉。所議何事雖不可知，然一旦伊大利有與奧大利戰爭之舉，法國必允援助無疑。假使奧大利被逐於北部伊大利之外，則 Sardinia 卽允割讓 Savoy 及 Nice

Napoleon 第三之地位及政策

二地於法國。

一八五九年四月，Victor Emmanuel 第二與奧大利宣戰。法國軍隊來援，敗奧大利軍隊於 Magenta。六月八日，Napoleon 第三與 Victor Emmanuel 第二並駕入 Milan 城，人民之歡聲雷動也。六月二十四日，奧大利軍又敗於 Solferino。

不久，Napoleon 第三忽與奧大利訂休戰之約，留 Venetia 之地於奧大利之手。歐洲各國聞之，無不驚異。實則法國皇帝目睹戰場之慘酷，不欲久戰。而且彼以爲欲驅盡奧大利之軍隊，非有兵士三十萬不可。加之鑒於伊大利諸邦對於 Piedmont 無不表示其熱忱，一旦驟成強國，將爲法國之大患。故僅以 Lombardy、Parma 及 Modena 諸地與 Piedmont，使伊大利之統一不致過分。然至是彼雖見到伊大利將有絕大變化，而其力已不足以阻止之。變化維何？卽建設統一之國家是也。

一八五九年八、九月之際，Parma、Modena 及 Tuscany 三地之人民，宣言永逐其元首以與 Sardinia 合併。Apennines 山以北之教皇領土曰 Romagna 者，亦有開會宣言離教皇而加入 Sardinia 之舉。諸邦間之稅界一律廢止。引用 Sardinia 之憲法，並交郵政管理權於 Sardinia 官吏之手。此種國民運動實開伊大利統一之局。

南部伊大利之 Naples 王旣不願與 Sardinia 聯盟，又不欲實行立憲。其時有 Garibaldi 者（一八〇七年至一八八二年）極仰慕 Mazzini 之爲人，決意以

武力強迫南部伊大利及 Sicily 與 Sardinia 合併。彼於
一八六〇年五月，率紅衣志士一千人，由 Genoa 渡
海向 Sicily 而進，敗 Naples 之軍隊。遂以 Victor
Emmanuel 第二之名義佔據該島。不久，渡海登伊大
利半島，與 Naples 軍隊稍有衝突。九月六日，進
Naples 城。

Garibaldi 意欲向羅馬城而進。Napoleon 第三大
恐，蓋法國人民多奉舊教，雅不願羅馬教皇之敗亡
也。彼允 Victor Emmmanuel 第二可以佔有北部之教
皇領土，唯 Garibaldi 不得以武力久佔 Naples，應另
設永固之政府以代之。至於羅馬城及其附郭一帶則
應爲屬教皇。十月間，Victor Emmanuel 第二遂南向
佔據 Naples。Naples 王納款求和，南部之地遂併入
於伊大利王國。

Napoleon 第三之干涉

一八六一年二月，伊大利國會開第一次會議於
Turin，遂着手於新國之合併。伊大利人既實現其統
一與獨立之希望，莫不欣然色喜。然奧大利之勢力
猶在，羅馬教皇之負固依然，未免美中不足耳。

伊大利國會之開會

第三節　一八六一年後之伊大利王國

伊大利之統一事業雖未告成功，而愛國之人並
不因此而失望。新伊大利王國國會第一次開會
時，Cavour 力主恢復"永久之城及 Adriatic 海之

教皇對於新國之態度

后"。同時，羅馬教皇 Pius 第九亦下令逐 Sardinia 王及其大臣於教會之外。並宣言憲法爲革命之產物，當視爲瘋犬，應隨地擊斃之。Napoleon 第三受舊教徒之厭迫，遣兵入駐羅馬城，以保護教皇爲宗旨。

Venetia 之加入

　　然不久 Sardinia 忽得一種意外之援助。一八六六年之春，普魯士與奧大利間戰爭之機甚迫。普魯士因欲得伊大利之援助，乃於四月間與 Victor Emmanuel 第二締結條約。七月間，戰事開始，伊大利人與普魯士人遂合攻奧大利。伊大利之軍隊於 Custozza 地方爲奧大利所敗，然普魯士竟敗奧大利軍於 Sadowa。奧大利乃允割讓 Venetia 於 Napoleon 第三，唯以交還該地於伊大利爲條件。伊大利人本欲並奪 Trent 及 Trieste 諸地於奧大利。嗣因海軍失敗，故不得志。

羅馬城之被據

　　一八七〇年，普魯士與法國宣戰。法國軍隊之駐於羅馬城中者，均撤歸。Victor Emmanuel 第二遂乘機要求教皇 Pius 第九應與伊大利王國協商一切。教皇不允。伊大利軍隊遂入佔羅馬城。教皇退居 Vatican 宮中，自稱伊大利政府之囚犯。然城中居民，頗表示歡迎伊大利之意。羅馬城及教皇領士以十三萬票之多數，於一八七一年一月合併於伊大利，反對者僅一千五百票而已。

羅馬爲新國之都城

　　至是，伊大利統一之功完全告竣。一八七一年，Victor Emmanuel 第二向國會宣言曰："吾輩將來之責任，在於使吾國強大而快樂"。新國之都城，一八六五年自 Turin 遷至 Florence。至一八七一年乃移入羅馬。新主宣言曰："吾人竟入羅馬矣，吾輩將來留此地也"。Sardinia 之憲法遂爲伊大利王國之憲法。

　　羅馬教皇與新政府之關係如何，極其難定。一八七一年五月，伊大利政府宣言教皇享有宗教職務上之完全自由，規定其身體爲神聖不可侵犯。教皇仍得享君主之尊榮，得與外國往來遣使。在其領土範圍內，與獨立君主無異。伊大利官吏不得因公事入內。伊大利政府并年給教皇優待費銀幣一百二十萬元，賠償其領土之喪失。然教皇不但不受此種年金，而且至今尚不願承認伊大利之政府，而以罪囚自待。
教皇之地位

　　伊大利因欲維持其新國之尊嚴，頗費鉅款以擴充其海陸軍。製造新式戰艦，實行徵兵制度，仿普魯士制以改組陸軍。海陸軍之費用因之加倍。國帑日益不敷。當一八八七年時，不敷之款已達銀幣一萬六千六百萬元。
伊大利爲歐洲之強國

　　然伊大利之政府仍日以擴充殖民地爲事。中隔地中海與伊大利遙遙相對之地爲古代之 Carthage，卽今日之 Tunis，伊大利必欲得之以爲快。不意於一八八二年先爲法國所佔據。伊大利憾之，德國宰相 Bismarck 遂利用機會令伊大利加入德國與奧大利匈牙利之同盟，卽他日著名之三國同盟也。至一九一四年方解散。
伊大利加入三國同盟

　　伊大利佔據北部非洲之計畫旣完全失敗，乃移其注意於與紅海口相近之 Abyssinia 地方。一八八七年，遣軍隊渡海而往。嗣後戰事遷延至十五年之
伊大利在非洲之殖民政策

久，方克服之。他日伊大利幷有與土耳其爭奪北部
非洲 TriPoli 之舉，後再詳述。

伊大利之政黨　　今日之伊大利頗不能維持昔日 Cavour 及 Victor
Emmanuel 第二輩之本意。因欲勉爲歐洲之強國，不
惜歲耗鉅費以擴張軍備，而殖民海外。賦稅之負擔
日重，人民之痛苦不堪。昔日各地愛國之精神，遂
一變而爲利己之心理。蓋伊大利各部之利害原來本
不一致也。共和黨人仍以反對王政爲事，社會主義
亦已深入工人之腦中。此外，尚有主張維護教皇政
權者。凡此皆新政府之勁敵也。

伊大利之進步　　伊大利之國情雖不甚佳，然三十年來之進步實
足驚人。工業發達，一日千里。至今人民之從事工
商業者已達三分之一以上。絲、棉、毛貨之輸出外
國者，爲數亦日增云。

教育之進步　　伊大利之人民頗以不識字爲各國所詬病，故其
政府有改良學校之計劃。然共和黨及社會黨人均尚
心懷不滿之意，以爲不識字之人數雖已大爲減
少——一八六二年不識字者約百分之七十三，一九
〇一年約百分之五十二——然國家每年之軍費竟六
七倍於教育費，實屬國家之奇恥。

重稅　　若以其財富爲比例，則伊大利實歐洲負價最鉅、
徵稅最重之國家。國民須納地稅、所得稅、房稅、
遺產稅、印花稅、統捐及關稅等。此外，煙、彩券、
鹽及桂寧等，無不由政府專賣。稅則規定，未得其
平，以工人及農民所負擔者爲最重，故國家之收入
半出自貧苦之人民。而且最重之稅往往加諸日用必

需品之上，如鹽及穀類是也。偶遇水旱，則人民每
因乏糧而叛亂。至於食鹽則每二百二十磅，徵稅銀
十六元，而其成本實不過值銀六角而已。據一八九
八年某經濟家之計算，則 Florence 之工人年納其收
入四分之一於地方及中央政府。而英國之工人則尚
不及二十分之一云。然讀史者須知伊大利在未曾統
一以前，稅重而政苛。統一以後，稅雖不能減輕，而
公共事業之進步，亦正不小也。

Victor Emmanuel 第二於一八七八年卒。其子　　　Humbert 之被刺
Humbert 第一卽位。爲人雖勇敢而且忠於憲法，然無
實行改革之能力。一九〇〇年七月二十九日當開會
給獎時，忽爲黨叛●所刺而卒。其子 Victor Emmanuel
第三繼之，仍以繼續其父之政策爲事。

國民之不滿意於政府依然如昔，自 Humbert 第　　　伊大利之移民
一被刺後，人民之移出國外者接踵而起。一八八八
年，人民出國者計十一萬九千人；至一九〇〇年，增
至三十五萬二千人；至一九〇一年竟達五十餘萬
人。伊大利領土之在非洲者類皆窮鄉僻壤，故伊大
利人之移出國外者多赴 Brazil、Argentina、Uruguay
及 Paraguay 諸國。其赴北美洲合衆國者亦以千萬
計。一九一〇年，回國者不下十四萬七千人。移出
國外之人數雖多，然終不足以蘇國內人民之困苦。當
一九〇五年時，國內社會黨之勢力極其強盛，故教
皇 Pius 第十通令舊教徒加入選舉，以資抵抗。蓋舊

● 疑爲 "叛黨"。——編者註

　　教徒自來本不許參加選舉者也。然亦有以爲社會黨
之發生，頗足以激起保守黨之實行改革云。

第十九章　德意志帝國之成立及奧大利匈牙利之聯合

第一節　普魯士爲德國之領袖

　　一八四八年 Frankfort 公會中之維新黨人本有統一德國之計畫，而終歸失敗。推求其故，蓋在德國諸邦之君主負固自守，互不相下。然是時德國之工商業日興月盛，統一之基潛伏於此。一八三五年，始築鐵道，運輸之業於以大盛。敷設電線，交通益便。製造品日有增加。推廣市場遂不能僅以本國之界線爲限。故德國在政治上雖非統一之邦，而統一之基則造端於工業革命時矣。

　　自一八一五年後，德國之政治家及工商界中人無不曉然於國土分裂之爲害。三十八邦並立國中，彼界此彊，儼同敵國。至其有礙於商業之發達，則一覽當日德國之地圖，卽可知其梗概。自 Fulda 至 Altenburg 相去不過百二十英里，而經過之邦凡九，界線凡三十四。當一八一九年時，有商會曾向同盟國會訴商業上之困苦，謂自 Hamburg 至奧大利，或自

德意志之工業革命

國土分裂之影響於商業上者

269

柏林至瑞士，必經過十邦，熟悉關稅制度十種，納稅十類。

關稅同盟

　　一八三四年一月，德國國內十七邦有組識關稅同盟（Zollverein）之舉。各邦稅線一律廢除，商民得往返自由而無阻。十七邦之周圍有公同之界線，以與同盟以外諸邦隔絕。奧大利始雖躊躇，終不加入。其他諸邦，則因利害切身，故均先後入盟。

William 第一之卽位

　　普魯士既爲關稅同盟之中堅，國力遂漸形濃厚，伏他日戰勝奧大利之機。一八五八年 William 第一之卽位，實爲普魯士開一新紀元。王爲人沈毅有爲。卽位之始，卽以排除奧大利於同盟之外，合其餘諸邦而建設一強有力之國家爲己任。彼以普魯士與奧大利之戰勢所難免，故壹意於軍隊之整頓。

普魯士之軍隊

　　德國陸軍強甲天下，而實始於 William 第一之改革。五十年以前，當法國皇帝 Napoleon 第一征服德國時代，普魯士名將 Scharnhorst 始創強迫全國國民從軍之制，爲驅逐法國人之備。凡國中男子身體強健無疾病者，均須入常備軍受訓練。乃退伍而爲後備兵，以備國家之用。及 William 第一卽位，將每年徵兵之數自四萬人增至六萬人，而訓練之期以三年爲限。限滿之後，乃退伍而爲後備兵者二年。William 第一頗欲增加後備之年爲四。蓋如是則國家可得國民從軍之義務七年，一旦有事，則軍隊之數可達四十萬人也。此事因普魯士國會下議院不願供給軍費，幾有中止之勢。

Bismarck 之統一政策

　　然普魯士王竟一意實行其計畫。至一八六二

年，並任近世著名政治家 Bismarck 爲相。Otto von Bismarck 極忠於普魯士，精明強悍，其政策在於以普魯士之精神貫注於德國諸邦。深信君權神授之說，極不喜代議之制。對於自由思想多所藐視。彼以爲欲達目的非用武力不爲功，蓋彼實普魯士軍閥——所謂 Junker 者——之中堅也。一九一四年之大戰此輩實尸其咎。Bismarck 既欲實行其計畫，遂有三大戰爭。至一九一四年之歐洲大戰，世界沸騰，皆 Bismarck 之遺毒已。

Bismarck 以爲欲使普魯士雄霸歐洲，其要着有四：（一）普魯士須有強有力之陸軍。（二）奧大利非驅出德國範圍之外不可。（三）普魯士之國土必須增加，必須鞏固。凡介於普魯士領土間之小邦均應併吞之。（四）德國南部諸邦向不喜普魯士之所爲，非誘之北附不可。統一之業似屬無望，蓋自 Otto 第一以來，無一成功者。不意 Bismarck 竟能於十年之間統一德國，其才力可想而知矣。

Bismarck 所遇之阻力第一即爲普魯士下議院之反對增加軍費以擴充陸軍。Bismarck 遂不顧下院之反對及輿論之非議，實行其計畫。其意以爲上下兩院既有相持不下之勢，而憲法上又無規定解決之明文，則普魯士王當然可以行使其舊有專制之特權也。彼曾向國會言曰：“現在之種種大問題，斷非演說或多數議決所可解決者，唯有血與鐵耳”。其時普魯士之政府抑若回返昔日專制之舊。迨 Bismarck 之

> Bismarck 成功之要着有四

> Bismarck 壓制普魯士國會

"血鐵"政策❶成功以後，德國人竟多以目的既達，何擇方法，恕之。

Schleswig-Holstoin 事件

不數年間，普魯士之軍力驟然增長，已有戰勝其世仇之望。Bismarck 既欲逐奧大利於德國同盟之外，乃利用 Schleswig-Holstein 事件以實現其計畫。Schleswig-Holstein 兩地中之居民雖多係德國種，而附屬於丹麥，然與丹麥之關係不甚密切。一八四七年，丹麥王宣言將兩省合併於丹麥王國。德國人聞之，莫不憤怒。至一八六三年丹麥竟合併 Schleswig。

Bismarck 之計畫

Bismarck 以爲欲解除此事之紛糾，莫過於將此兩省奪爲己有，同時並可得對奧大利宣戰之機會。彼先邀奧大利協同普魯士籌商解決之法。丹麥王絕無讓步之意。普魯士、奧大利兩國遂於一八六四年二月向丹麥宣戰。丹麥以弱小之邦而與兩大國戰，故不數月而敗，遂割兩省之地於兩國以和。至於兩省領土之處置，一聽兩國自決之。Bismarck 實不願兩省處置之適當，蓋彼本欲藉端以傷奧大利之感情，同時並可佔有兩省之地也，乃於 Holstein 境內沿 Baltic 海濱之 Kiel 地方修築軍港，爲屯駐普魯士海軍之用。奧大利遂大憤。

❶ 今作"鐵血政策"。——編者註

第二節　一八六六年之戰爭及
北部德國聯邦之組織

一八六六年四月，Bismarck 與伊大利約，謂三　　德國同盟之解散
月之內，如普魯士與奧大利宣戰，則伊大利亦當出
兵相助，以獲得 Venetia 之地爲目的。普魯士與奧大
利之感情日趨惡劣。一八六六年六月，奧大利使公
會下令召集同盟之軍隊以與普魯士戰，普魯士議員
遂宣言同盟之解散。

六月十四日，普魯士、奧大利兩國均有宣戰之　　普魯士之宣戰
舉。德國諸邦除 Mecklenburg 及北部德國諸小邦
外，莫不助奧大利以攻普魯士。Bismarck 急提出要
求於北部德國諸大邦——Hanover、Saxony 及
Hesse-Cassel——令其與普魯士一致。諸國不允，普
魯士軍隊遂入侵其境。

普魯士之軍隊訓練有年，征略北部德國勢如破　　Sadowa 之戰
竹。七月三日，大敗奧大利軍隊於 Sadowa。三週之
後，奧大利不復成軍。普魯士遂霸。

普魯士深知 Main 河以南諸邦尚未有與北部德　　北部德國聯邦
國諸邦聯合之意，故僅合 Main 河以北諸邦而成北部
德國聯邦。普魯士並乘機擴充領土，凡北部德國諸
邦之曾反抗普魯士者，除 Saxony 以外，無不據爲己
有。如 Hanover、Hesse-Cassel、Nassau、Frankfort

自由城及 Schleswig 與 Hostein 兩國，均入屬於普
魯士。

　　普魯士之領土既大加擴充，乃召集諸國籌商制
憲之方法。普魯士所抱之目的有三：第一，凡普魯
士治下之人民不問屬於何邦，均應予以參政之機
會，則國會尚矣。第二，普魯士之霸主地位須始終
維持，而第三，同時各邦君主之尊嚴又不能不顧
及，乃決定以普魯士王爲聯邦之"總統"。設聯邦議
會（Bundesrat）爲行政機關。在聯邦會議中各邦君
主及三自由城——Hamburg、Bremlnen 及 Lubecck——
至少各有一表決權，以明示其不隸屬於普魯士之
意。以爲北部德國聯邦之統治者，實爲聯邦諸國之
全體，而非普魯士王也。實則會議中之表決權數共
四十三，而普魯士竟得十七。而且同時並可望他邦
之援助。至於憲法之編訂非常周密，故他日南部德
國諸邦——Bavaria、Wurtemberg、Baden 及南
Hesse——加入聯邦時，已無更張之必要。

第三節　法國與普魯士之戰爭及
德意志帝國之建設

　　一八六六年，普魯士驟敗奧大利，法國皇帝
Napoleon 第三聞之，大爲不愜。法國皇帝本甚願戰
事之延長，使普魯士與奧大利成兩敗俱傷之局，法

國乃得以從容而收漁人之利。此次戰事驟然中止，彼已爲之嗒然；加以國內新黨中人又有要求改革之舉，應付之術已窮。而同時經營墨西哥之事又復失敗。政府威信掃地無餘。其時荷蘭王本有售 Luxemburg 公國於法國之意，卒因普魯士之反對而止，法國皇帝益憤。其他在兩國國交上，法國皇帝亦自愧不敵 Bismarck 手腕之靈敏。巴黎與柏林兩地之新聞紙上時有兩國戰禍勢所難免之言；兩國人心亦因之而大爲搖動。法國人既抱"復 Sadowa 之仇"之意，德國亦存報復"世仇"（hereditary enemy）之心。

是時，適有西班牙王位承繼問題出世。西班牙自一八六八年女王 Isabella 被逐以後，王位空虛。西班牙國會開會討論承繼之人物，卒議決迎立普魯士王 William 第一同族之 Leopold 入承大統。法國人大不悅，以爲此事如果實行，則西班牙、普魯士兩國將與合併無異。法國之外交部大臣宣言此舉無異於 Charles 第五帝國之重建。實則西班牙人多不願迎立 Leopold 或伊大利王太子 Amadeus 爲王。若輩所願者在於女王太子 Alfonso 其人也。

西班牙王位承繼問題

然法國與普魯士之武人莫不欲乘機而思一逞。一八七〇年六月，Leopold 得普魯士王之同意，竟允入繼西班牙之大統。嗣因法國政府之抗議遂不果行。此事原可就此結束。不意法國尤以爲未滿，要求普魯士王擔保不再重提此事。普魯士王不允。Bismarck 故將普魯士王之言，斷章取義，編載柏林諸新聞紙上，使讀者誤認法國大使有侮辱普魯

法國當日之態度

士王之舉。全國大譁。一八七〇年七月十九日，法國遂與普魯士宣戰。

法國之失敗　　　法國政府中人之宣戰也曾有“無足重輕”之言，不久卽自知其輕舉妄動之失策。法國皇帝之意以爲一旦戰勝普魯士，則南部德國諸邦如 Bavaria、Wurtemberg 及 Baden 諸國皆將聞風而起，援助法國，不意法國軍隊始終無戰勝普魯士之跡，而南部德國諸邦亦且與北部德國諸邦合力來攻。加以法國之軍隊兵甲不利，統率無人。德國軍隊渡萊茵河，不數日而法國軍隊敗退。在 Metz 附近，血戰數次，而法國之一師軍隊被困城中。不二月而有 Sedan 之戰，一八七〇年九月一日，德國人又俘法國軍一師，並獲法國皇帝。

巴黎之被圍及戰事之終了　　　德國人遂長驅直入，圍困巴黎。法國皇帝 Napleon 第三至是信用全失。法國人遂宣布帝國之廢止及第三次共和之成立。新政府雖有抵禦之意，而力不從心。一八七一年一月二十八日，巴黎納降，並與德國訂停戰之約。

德國之要求　　　當兩國議訂和約之時，德國傲慢特甚，卒至鑄成大錯，爲世界之隱憂。當普魯士與奧大利戰爭終止時，Bismarck 之對待奧大利一以寬大爲主。而對於法國其政策獨異。德國人之意頗欲於戰勝之餘獲潛實益，以永誌其復仇之舉，乃強法國人割讓 Alsace 及東北部 Lorraine 之地。使法國之領土與德國之萊茵河隔絕，而以 Vosges 山頂爲兩國之界。Alsace 居民雖多用德國語，且該地自昔卽爲神聖羅馬帝國之

領土；然均以 Alsace 爲法國之領地，不願入附於德
國，因之遷入法國者頗不乏人。

此外，德國人并要求法國人納極鉅之賠款——
二千兆元——德國軍隊須俟賠款還清後，方允退出
法國之境。法國人恥之，盡力籌款以速敵軍之退
出。德國、法國仇恨之日深，實始於此。一方法國
人抱報復之心，一方德國人有懷疑之態，兩國成
仇，不可復解。一九一四年之戰禍實伏於此。Alsace-
Lorraine 之爭執，實爲歐洲大戰之焦點云。

普魯士既戰敗法國，Bismarck 建設德意志帝國之
希望於是成功。南部德國諸邦——Bavaria, Wurtem-
berg 及 Baden——亦相率加入北部德國聯邦之中。各
邦協商之結果，乃將北部德國聯邦易名爲德意志帝
國，而擁同盟"總統"爲"德意志皇帝"，William
第一遂於一八七一年一月十八日在法國 Versailles 宮
中上皇帝之尊號。當一八七〇年，歐洲、美洲各國
多表同情於德國。至一九一四年之戰，因德國之行
爲諸多不當，以致世界各國多起而與德國爲難，則
其敗也固宜。

　　　　德意志帝國之宣布成立

第四節　一八六六年後之奧大利、匈牙利

奧大利自被普魯士戰敗以後，離德國而自立，乃
盡力於與匈牙利及國內諸異種之調和，一面並謀所

　　　　一八六六年奧大利之問題

以應付新黨要求立憲之政策。

奧大利匈牙利王國之建
設

當一八六一年時，奧大利曾有統一國土，建設帝國之舉，設國會於 Vienna。嗣因匈牙利人、Bohemia 人、波蘭人、Croat 種人等，相率退出於國會，事遂中止。一八六六年，奧大利既爲普魯士所敗，奧大利帝國與匈牙利王國之關係遂根據於一種協約（Ausgleich）而決定。奧大利皇帝 Francis Joseph 自認爲兩獨立國之元首：（一）奧大利帝國包有十七省——卽上奧大利、下奧大利、Bohemia、Moravi、Carinthia、Carniola 等地。（二）匈牙利王國，包有 Croatia 及 Slavonia 諸地。兩國各有憲法，各有國會———一在 Vienna，一在 Pesth，各有國務大臣。唯關於外交、宣戰、媾和三事，則兩國一致，有同一國。此外，兩國之海陸軍亦共有之。幣制、度量衡制及關稅等，亦兩國一致。此種國家之組織雖屬新奇，而國力甚強，故能維持數十年之久。

奧大利匈牙利之政制

凡兩國共同之事，由奧大利皇帝派三大臣任之——卽外交大臣、海陸軍大臣及財政大臣是也。三大臣對於兩國國會代表聯席會議（Delegations）負責任。聯席會議以奧大利、匈牙利兩國會各選出代表六十人組織之。其開會地方，則一年在 Vienna，一年在 Pesth，以免不平之感。開會之日分道揚鑣，一用德國語，一用匈牙利語。往返商酌，全賴文書。偶有異同，則合開會議以便取決，初無討論餘地也。

種族問題

各種民族同處國中，言語不同，思想互異，政府必欲盡人而悅之，於勢有所不能。當一八六七年時，奧大利境內有德國人七百一十萬，Czech 種人四百七十萬，波蘭人二百四十四萬，Ruthenian 種人二百五十八萬，Slovenian 種人一百十九萬，Croat 種人五十二萬，伊大利人五十八萬及 R. umania 人二十萬，德國人以爲 Vienna 爲帝王舊都，應爲奧大利之京城，而德國語之爲用最廣，應爲奧大利之國語。至於波蘭人及 Czech 種人則追思往日之自由，莫不以謀畫獨立爲職志。對於言語一項亦思用其母語以代德國文。

五十年來，奧大利極著之事業有三：一爲一八六七年之憲法；二爲一八六七年至一八六八年明定政教之關係；三爲一九〇六年選舉權之擴充。奧大利自一八六七年戰敗以後，國會中之德國新黨人提出限制教士權力之議案，予國民以信教自由之特權。無論信奉何種宗教之人均得服務於政府及學校。凡人民婚禮，如不願教士舉行，或教士不願舉行時，得由官吏代負其責。羅馬教皇對於此種法律盡力反對，宣言無效，然終無如奧大利政府何也。 教會勢力之衰微

奧大利與其他歐洲諸國同，亦大受工業革命之影響。工人之人數既日有增加，其參政之要求亦愈接而愈屬。至一九〇六年，奧大利政府遂有擴充選舉權之舉。規定凡國內男女年逾二十四歲者皆有選舉之權。根據新法而行之選舉於一九〇七年五月舉行。社會黨人之被選爲國會議員者得五十人。然教會中人之被選者亦復不少。 選舉權問題

一八六七年後匈牙利之歷史，與奧大利相似。然 匈牙利之 Magyar 種人

匈牙利國中之 Magyar 種人把持政權，其勢力遠出奧大利國中德國人之上。據一九一一年之統計，匈牙利人口約共一千八百萬人，而 Magyar 種人居其泰半，Croat 種人及 Slavonian 種人合共二百五十萬有奇。國會下院中，匈牙利之議員約四百十三人，而 Coatia 及 Slavonia 合共四十人而已。國會、政府、大學及鐵道上，均以 Magyar 語爲國語。其政府並力倡移民入城之舉，蓋 Magyar 種人勢力之中心多在鉅城中也。

匈牙利之種族問題

Croat 種人及 Slavonian 種人對於 Budapest 國會中種族待遇之不平極示不滿之意。Serbia 人亦日望若輩所居之地之合併於 Serbia。而 Roumania 人亦日望合併於 Roumania。一九一四年歐洲大戰之近因及一九一八年匈牙利王國之瓦解，均伏機於此。

編後記

本次整理出版的《近世歐洲史》以商務印書館 1924 年版為底本,原書分為上、下冊,本書為上冊。

何炳松(1890~1946),字柏丞,浙江金華人,現代中國第一代新史學家和著名教育家。1903 年入金華府中學堂,1906 年保送進浙江高等學堂,1912 年獲浙江省府公費送往美國留學,先後于加利福尼亞大學伯克利分校、威斯康辛大學學習法語、德語、政治學、經濟學和歷史學等。1915 年考入普林斯頓大學研究院,研究現代史及國際政治。1916 年畢業回國,曾任浙江省視學。次年,受蔡元培邀請,任北京大學歷史學系教授,兼任北京高等師範學校英語部主任、代史地部主任。1922 年任浙江省立第一師範學校校長,1925 年任武昌師範大學校長、1926 年起任上海商務印書館史地部主任、國文部主任、編譯所所長、大學叢書委員會委員等,兼任上海光華大學、大夏大學教授。1934 年當選中華學藝社理事長。1935~1946 年,任國立暨南大學校長。1946 年 5 月調任國立英士大學校長,因病未能到任。7 月 25 日病逝於上海中華學藝社,葬於金華城北道院塘。

何炳松是美國"新史學"在中國最早的譯介者,被譽為"中國新史學派領袖"。先後譯介魯濱遜(Robinson)《新史學》、班茲(Barres)《史學史》、亨利(Henry Johnson)《歷史教學法》等,實現中國史學從傳統式向與西方現代史學血脈相銜接的轉變;著有《歷史研究法》《通史新義》《程朱辯異》《浙東派溯源》等;依魯濱遜《西歐簡史》（*An introduction of the history of western Europe*）前 29 章編譯而成《中古歐洲史》。他在西洋史方面，著力甚深，但他不是崇洋的人，1935 年，與王新民等人聯合發表"五四"新文化運動以來重要的文化自覺宣言——《中國本位的文化建設宣言》，反對"全盤西化"的論調。

文藝復興和地理大發現拉開了歐洲成為世界中心的序幕，工業革命和資產階級革命使歐洲確立了自己在世界領導的地位，也開始了歐洲向全世界進行侵略的歷程。憑借先進的工業化生產和堅船利炮，歐洲新興的資產階級將商品銷往全球，與之相伴的是歐洲殖民者瓜分世界的步伐愈加緊密以及為爭奪殖民地和世界霸權所進行的殖民戰爭和爭霸戰爭。隨著歐洲勢力在世界範圍內的擴張，歐洲史也逐漸演變為世界史，歐洲列強的爭鬥演變為世界戰爭，引發世界大戰。

自鴉片戰爭以來，中國開始步入屈辱的近代史時期，西方列強的侵略使中華民族逐步走向殖民地半殖民地的深淵，志士仁人對民族強盛、國家富強也開始了探索，借鑒和向西方學習、西學東漸成為當時的潮流。為了讓年輕人了解世界，尤其是世界領導者的歐洲的近代發展史，何炳松以魯濱遜及比爾德（Charles A Beard）合著的《歐洲史大綱》（*Outlines of Europear History*）第二卷為藍本，並取材於二人合著之《歐洲史大綱》（*History of Europe, Our Own Times*）篇章之安排於 1924 年作《近世歐洲史》，本書亦可作為大學教材，在當時社會引起了強烈反響。余楠秋在《歐洲近代現代史·序》中推崇本書為："中國近年來研究西洋史的唯一善本，可與威爾斯（H. G. Wells）《世界史綱》媲美"（世界書局 1933 年版）。

本書介紹的是自地理大發現至意大利統一的歐洲歷史，對於歐洲各國的國內革命、工業革命以及列強對其他地區的侵略和列強關係的協調進行了詳細闡述，同時關注了歐洲變革的歷史背景，并注意科技、思想等的發展變革，是一部全面介紹 17~19 世紀晚期歷史的著作。需要向讀者說明的有以下幾點：為保持舊籍原貌，文中因時代所限出現的同字異書、與今人不同的外文書寫與翻譯，一般不作改動；書稿中有些字體體現了變革時代的特徵。如"澈底""計劃""計畫"同見在整理過程中，在保持原貌的基礎上，對原文中一些明顯的錯訛之處，進行了必要的修改，並以"編者註"的形式加以說明；對其他一般性規範性差異的訂正，不再一一出注說明。限於整理者水準，錯漏不當之處仍在所難免，誠望讀者諸君批評指正。

劉　江

2014 年 8 月

《民國文存》第一輯書目